Steven Lundström
Birgit Christiansen

Na, wer bin ich?

Tierrätsel von A bis Z

Böhland&Schremmer Verlag

Wer bin ich?

Ich bin ...

Ein rätselhaftes Vorwort

Sagt mal: Mögt ihr Rätsel genauso gern wie ich?
Ja, ist das so? Dann seid ihr hier genau richtig!

Es geht um rätselhafte Tiere. Tiere, die bei uns und anderswo in Europa
leben. Zu Lande, im Wasser und in der Luft.

Es geht um die Tiere tief im Wald
In vielerlei Gestalt.

Es geht um Tiere in der Luft,
Mal schön, mal schaurig ist ihr Ruf.

Es geht um Tiere auf dem Feld,
Um Wesen unterm Himmelszelt.

Um Tiere unter und über Wasser,
Na, wird's um eure Nasen blasser?

Wollt ihr der Rätsel Lösung finden,
oder lauft ihr gleich davon?
Keine Angst, ihr schafft das schon!

Wie jetzt? Ihr wollt noch mehr wissen? Zum Beispiel, ob ihr die ersten
Kinder seid, die Rätsel lieben? Keinesfalls! Eure Eltern mochten auch
schon Rätsel. Und eure Großeltern. Und deren Eltern, eure Urgroßel-
tern, auch schon. Und deren Eltern ...

Lange, lange könnte ich noch so weitermachen! Irgendwann würde ich dann im alten Ägypten landen, dem Land der Pharaonen und der Pyramiden. Oder auch in Mesopotamien, dem Land der beiden Flüsse Euphrat und Tigris. Und das vor vielen tausend Jahren!

Im Lande Sumer, das in alter Zeit im Süden des heutigen Irak lag, hatte man an Städterätseln Spaß. Man fing mit einem Tipp an. Und wenn das noch nicht reichte, kam der nächste Tipp. Was? Immer noch keine Ahnung? Bitte sehr! Hier der nächste Hinweis … und so weiter. Ihr könnt euch das so vorstellen:

Gesucht ist diese Stadt:

> Sie liegt an einem Fluss, der heißt Schnee,
> Halt, wartet mal, es ist die Spree!
> Ihr Wappentier, nicht allzu schwer,
> Brummt tief und grummelnd wie ein Bär.
> Diese Stadt ist weltbekannt,
> Und alle zieht's genau dahin.
> Diese Stadt, wie heißt sie nun?
> Dit is doch klar: Dit is …

Funktioniert ein bisschen wie das Spiel Stadt-Land-Fluss. So ein Rätsel könnt ihr euch sicher auch für eure Stadt ausdenken.

> So, das reicht, hier ist nun Schluss!
> Blättert um zur ersten Rätselnuss!

> Viel Spaß!

Ein Hügel voll mit Nadelbeinen,
Hier und da ein Ast,
Geschmückt mit kleinen Steinen,
Ohne Ruh und Rast.

Wir tragen große Lasten
Viel schwerer als wir selbst.
Mit flinken Fühlern tasten
Wir uns durch diese Welt.

In Wäldern und auf Wiesen,
Unter Felsen, Stock und Stein,
Auch dort, wo Wasser fließen,
Sind wir überall daheim.

Unser Brot verdienen wir als Bauern.
Züchten Pilze tief in unsern Mauern.

Wir hüten grüne Krabbeltiere,
Melken ihren süßen Saft.
Nein! Wir halten keine Mäuse!
Unser Milchvieh: Das sind Läuse.

Um einen neuen Staat zu gründen,
Geht unsre Königin auf Reisen.
Wisst ihr, wer wir sind?
…

Durch die Welt geh ich auf allen Vieren.
»Schön und gut«, sagst du,
»So ist es doch bei vielen Tieren!«

Aber auf zwei Beinen lauf ich auch.
Und manchmal lieg ich gern auf meinem Bauch.
Na? Stehst du noch immer auf dem Schlauch?

Dieser Hinweis reicht dir nicht?
Wie wärs denn damit:
Mein Pelz ist lang und dicht!

In einer Welt aus Schnee und Eis ist er ganz weiß.
In einer Welt voll Wiesen, Wald und Baum
Ist er mal schwarz und auch mal braun.

Die Vögel singen,
Die Bienen summen,
Bei mir ist es ein tiefes Brummen.

Den Winter verbringe ich im Schlaf.
Ich bleibe dann an einem Fleck
Und leb von meinem Winterspeck.

Dass ich auch an Sträuchern wachse,
Ist eine Mär!
Wer bin ich nun? Ein …

Ob Blatt, ob Ast,
Ob Stock oder Stein ...
Ich kann wirklich alles sein!

Eben noch da
Und plötzlich weg,
Bin ich doch am selben Fleck!

Wie ich das schaffe?
Na, du stellst Fragen!
Ich versteck mich unter Farben.

Bin mal blattgrün,
Mal erdenbraun,
In jedem Fall schön anzuschaun.

Weder Freund noch Feind
Mich je entdeckt,
Weil jede Farbe in mir steckt!

Ich wohn im Süden dieser Welt.
Ich ess, was krabbelt und was fliegt,
Was an Früchten auf dem Boden liegt.

Wer bin ich nun? Jetzt sagt es schon!
Man nennt mich das ...

Bewehrt mit starken Krallen
Geh ich auf allen Vieren
Durch Wiese, Wald und Flur.
Wer bin ich nur?

Zählt ihr mich zu den Hunden,
Dann sag ich unumwunden:
»Das ist mir zu bunt,
Ich bin kein Hund!«

Schon gar kein bunter, bin graubraun
An Rücken, Fuß und Bauch.
Hab schwarze und auch weiße Streifen,
Ah! Ihr scheint schon zu begreifen ...

Ich bin ein Meister im Graben und Bauen,
Mein Haus schützt mich vor des Winters Klauen.
Unterirdisch liegt es tief verzweigt,
Man findet Kammern hoch und weit.

Was ich so esse, wollt ihr wissen?
Ich speise ohne Unterlass
Käfer, Falter, Regenwürmer
Gern auch mal mit einem Happs.

Wie heiß ich nun?
Ich bin der ...

Ich saus die Bäume auf und ab
Auf Ahorn, Linden, Buchen.
Bin so den ganzen Tag auf Trab,
Muss meine Nahrung suchen.

Eckern, Samen, Nüsse: Groß daran ist mein Bedarf,
Halt ich doch keinen Winterschlaf.
Dafür such ich mir Verstecke
Auf Bäumen, in Höhlen, unter 'ner Hecke.

Bin rot gewandet, grau und braun
Und recht freundlich anzuschaun.
Mein Schwanz ist buschig, lang und dicht,
Hält mich beim Sprung im Gleichgewicht.

Und er dient noch einem andren Zwecke:
Des Nachts, da ist er meine Decke.
Ich hab kein Haus, bin keine Schnecke.

Mein Name hört sich lustig an,
Klingt wie ein Baum mit Hörnern dran.
Die Lösung fällt nun nicht mehr schwer,
Ihr kommt der Wahrheit immer näher.

Findet der Wahrheit kleines Körnchen,
Sagt es nur, ich bin ein …

Des Tags häng ich mit dem Kopf nach unten
In Höhlen, Gemäuern, auch gern hinter Stiegen.
Erst in der Nächte dunklen Stunden
Beginne ich zu fliegen.

Behutsam und fast leise
Mach ich mich auf die Reise
Durch die weite Schattenwelt
So finster unterm Himmelszelt.

Wie ich das fertig bringe
Zu fliegen durch die Nacht?
Da gibts verschiedne Dinge.
Passt auf und gebt gut acht!

Ich habe keine scharfen Augen,
Verlass mich auf den Widerhall.
Ich flattere mit Ultraschall!
Das könnt ihr mir schon glauben.

Trotz Flügelflattern leis und zart,
Trotz meiner ganzen Lebensweise
Bin ich doch keine Vogelart,
Nicht Amsel, Drossel, Fink noch Meise.

Ich lege doch kein Ei!
Frank und frei
Und grad heraus:
Ich brüte keine Küken aus.

Meine Namensvetterin mag gerne Käse.
Gut, da mach ich mir nichts draus!
Aber sonst? Warum auch nicht!
Nennt mich ruhig …

Man zählt mich ja zum Federvieh.
Wer ich bin, errätst du nie!
Bin mal weiß, mal braun, mal grau.
Dämmert's schon, bist oberschlau?

Geh unverdrossen meiner Wege –
Wer lebt schon gerne im Gehege?
Kann schwimmen gar auf See und Teich,
Ja, wie nennt man mich doch gleich?

Bevor du sprichst, lass dir's erst sagen:
Weit zurück in alten Tagen
Hoch droben auf dem Kapitol
Da waren wir Alarmanlagen!

Im alten Rom, in Griechenland
War'n wir bekannt für Sachverstand.
War'n mehr als nur ein Braten im Ofen,
Denn wir folgten Philosophen.

Doch heute weiß das keiner mehr!
Und wen kümmert schon die Mär
Vom Vogel, der die gold'nen Eier legte.
Na, ist dein Köpfchen doch noch träge?

In einem Lied hat mich der Fuchs gestohlen.
Weißt du's noch nicht, muss ich das wirklich wiederholen?
Oder die Geschichte von Nils Holgersson?
Nun sag bloß, die kennst du schon?

Am Ende beißt der Fuchs sich in den Schwanz.
Na, wer bin ich? Eine …

Im Wald, im Busch, im Grase
Spür ich mit meiner Nase
Nach allerlei Getier.
Schnupper, schnauf und schnuff,
Begleitet – hin und wieder –
Von einem lauten »Wuff«.

Früher konnt ich ganz gut heulen,
Unterhielt mich so mit Eulen.
Was für'n Quatsch, sagt ihr? Okay, habt recht!
Heut heul ich auch und das nicht schlecht.

Mein Vorfahr ist der Isegrim,
Sein Tun war grimmig und auch schlimm.
Doch hüt ich heute Hof und Schaf
Und bewache euren Schlaf.

Auf hartem Eis und weichem Schnee,
Bei rascher Fahrt auf einem See
In dichter Flockenherde
Ersetz ich euch die Pferde!

In der Berge rauem Wetter
Zwischen Felsen harsch und schroff
Bin ich oftmals euer Retter.
Nie verliere ich den Kopf!

Mich gibt's in klein, in groß, in bunt!
Wie heiß ich bloß? Ich bin ein ...

Befinde ich mich in Gefahr,
So zeig ich meine Stacheln.
Zu einer Kugel werd ich dann,
An mich traut sich dann keiner ran.
Verkneift euch dumme Sachen!

Man nennt mich gar das Schlangentier
In vieler Länder Sprachen.
Bin aber keins, kann nichts dafür.
Ich fress sie nur, auch Larven,
Und so manch andres Krabbeltier.

Bin weltbekannt in Stadt und Land
Für mein berühmtes Rennen!
Der Hase – außer Rand und Band –,
Er konnte mich nicht stellen!

»Ick bün allhier, du Löffeltier!«
Doch war ich nicht alleine.
Mit einem andren Schlangentier
Da machte ich ihm Beine.

Ihr habt es gleich! Noch einen Schritt:
Die Haare stehn euch in der Früh
Kreuz und quer im Morgenspiegel.
Na, wer bin ich nun? Ein …

Harte Schale, weicher Kern,
Ihr habt mich zum Fressen gern.
Leb im Wasser voll mit Salz,
Rutsch hinunter in den Hals.

Wohn im Meer ganz unverdrossen,
Dort trotz ich Wind und Sturm.
Schwimm darin ganz ohne Flossen,
Bin weder Fisch noch Wurm.

Ihr Menschen folgt gern einem Weg,
Der durch halb Europa führt.
Geht über Stock und Stein und Steg,
Habt ihr die Stiefel schon geschnürt?

Benannt ist der Weg nach einem Mann,
Und Jakob ist sein Name.
Auf jedem Schild am Wegesrand
Da seht ihr meine Schale.

So, Kinder! Schluss mit dem Getuschel!
Ich bin eine …

Gern mach ich die Nacht zum Tage.
Ja, ihr kennt mich – keine Frage –
Als geheimnisvolles Tier.

Mein Gegenpart, das ist die Maus,
Mit ihr bewohn ich Hof und Haus.
Schon seit Anbeginn der Zeit,
Ist's ein alter, wilder Streit.

Es heißt, ich habe viele Leben,
Ich weiß nicht, ob das stimmt.
Doch beherrsche ich die Kunst zu schweben,
Ein Sprung vom Dach, den krieg ich hin.

Steck ich in einer Klemme,
So aussichtslos sie scheinen mag,
Die Tricks und Kniffe, die ich kenne,
Weisen immer einen Pfad.

Euch Menschen schenk ich Glück,
Wenn ich das denn will.
Und will ich's nicht,
So zieh ich mich zurück.

Im Märchen trag ich hohe Stiefel,
Da wink ich dankend ab.
Was ist mit dir? Die Zeit wird knapp!
Nun raus damit, bevor du platzt:
Das ist doch alles für die ...

Mein Leib ist langgestreckt,
Hab lange dünne Beine.
An See und Fluss ihr mich entdeckt,
Von mir gibt's große und auch kleine.

Ich seh die Welt mit tausend winz'gen Augen,
Das ist kein Witz und keine Quatscherei!
Von Weitem magst du es kaum glauben,
Erkennst von Ferne du nur zwei.

Flügel hab ich, lang und breit.
Vier sind's und sie tragen weit
Hinaus mich in die bunte Welt.
So flieg ich übers Himmelszelt.

Geboren werde ich im Wasser,
Dort schwimm ich mit den Fischen.
Sorgsam geb ich auf mich acht,
Muss ihnen doch entwischen.

Später dann geh ich an Land,
Wo Frosch und Hase hüpfen.
Da docke ich an Pflanzen an,
Und muss dann noch mal schlüpfen.

Mein Name heißt die »kleine Waage«.
Woher das kommt, stellt sich die Frage.
Gerne schweb ich auf der Stelle.
Na, wer bin ich? Die ...

Auf Feldern und auf Wiesen,
In Wüste, Wald und Haus
gehe ich gern ein und aus.
Bin charmant, eher klein als groß,
Nun sag doch mal: Wer bin ich bloß?

Beweglich bin ich und behände,
Laufe flink und hoch die Wände.
Manch Schnurrbarttier jagt mich mit Tatzen,
Nur um vor Ärger schier zu platzen,
Wenn es mich nicht fängt.

Was es sich dann wohl denkt?
Vielleicht: »Mmmmiiööörrr!
Bist charmant und auch sehr schnell,
Doch nächstes Mal bin ich zur Stell.«

Armes, armes Schnurrbarttier!
Gräm dich nicht, kannst nichts dafür.
Ich bin die Herrin hier im Haus!
Na, wer bin ich? Eine …

Fuchs und Hase schlafen sacht.
Mein Gesang beruhigt ihre Sinne.
In des Waldes dunkler Pracht
Bin ich die schönste Stimme.

In der Nächte stillen Stunden
Halt ich für euch Wacht.
Hier und da, oben und unten
Geb ich auf euch acht.

Mein Ruf schallt zart aus hohen Bäumen
Aus Büschen und aus dichten Hecken.
Weckt euch auf aus euren Träumen:
Lauft, springt los, müsst euch verstecken.

Bin unscheinbar und auch recht klein,
Mein Gesang berührt das Herz.
Mein Lied, das soll das schönste sein
Und lindert auch so manchen Schmerz.

Wird es finster, wird es kalt,
Flieg ich fort, bin nimmer da.
Weit im Süden mach ich halt,
Überwintere in Afrika.

In Berlin hört man mich trapsen,
Da widersprech ich Knall auf Fall:
Ich sing zu schön, hört auf zu flachsen!
Gestatten, bin die ...

Hab ich Arme, hab ich Beine,
Sind es welche, sind es keine?
Man kann sich da komplett verhakeln,
Die Wissenschaft spricht von Tentakeln.

Dran findet sich so mancher Napf,
Ganz feste könn' die saugen.
Die Beute, die ich damit schnapp,
Lass ich nicht aus den Augen.

Mein Rest sieht aus wie eine Nase,
Ist groß und rund wie eine Blase.
Doch ist's mein Körper, Leib und Bauch,
Ebenso, wie bei dir auch.

Und bin ich einmal in Gefahr,
Greif ich zu einer Finte.
Komm mir bloß nicht allzu nah,
Sonst sitzt du in der Tinte!

Zu guter Letzt: Ich bin ein Meerestier
Und ziehe meine Bahnen
Auf hoher See und auch im Watt,
In allen Ozeanen.

So! Jetzt machen wir hier Schluss!
Gestatten? Bin der ...

Vor Jahrmillionen war ich klein,
Nicht viel größer als ein Hund.
Alte Knochen tun dies kund!

Heut kann ich groß und mächtig sein.
Ich ziehe Pflug und Wagen
Und kann euch Menschen tragen
Durch Wiesen, Wald und Feld.

Und überall auf dieser Welt,
Da liebt man mich für meine Eleganz.
Mein Aufgalopp ist für euch Menschen
Ein schöner und ein wilder Tanz.

Meine Mähne weht im Wind
Und Wolken folgen mir geschwind.
Und schließlich setz ich an zum Sprung
Über Stock und Stein und Zaun,
Unvergleichlich anzuschaun.

Irgendwann, dann brems ich ab
Und folge dann in leichtem Trab
Dem Rufen meiner Herde.

Weißt du, dass ihr Menschen mich verehrt
In euren Sagen und Geschichten?
Bin ich dir keinen Namen wert?
Nun raus damit! Ich bin ein …

Wie das Laub im Wind auf Erden
Auf hoher See und allen Meeren
Tanz ich leicht und unbeschwert.

Der Wind des Meeres ist die Strömung,
Die Brandung und der Wellengang.
Tragen lass ich mich von ihnen
In Übermut und Überschwang.

Mal winzig klein, mal dreißig Meter lang –
Oder irgendwas dazwischen –,
So schweb ich durch die Wasserwelt
Gemeinsam mit den Fischen.

Mein Körper, der ist weich, doch zäh.
Und wie die Menschen nun mal sind –
Was für eine Quatschidee! –
Sie denken dabei an Gelee.

Meine Fäden lang und fein,
Sie weben eine Falle.
Na, wer bin ich? Eine ...

Ich bin der Vogel der Geschichten,
Bin Bote, Weiser, Detektiv
In Märchen, Sagen und Gedichten,
Der aus der Ferne Unheil rief.

Kennt ihr noch der Welt uraltes Wissen?
Ich seh's euch an, ihr wollt es doch nicht missen!
Also hört mir weiter zu,
Des Rätsels Lösung kommt im Nu.

Dunkel bin ich, ja pechschwarz,
Und kräftig ist mein Schnabel.
Um mein Futter mir zu angeln,
Benutz ich eine Gabel!

Ihr glaubt mir nicht? Besinnt euch und bedenkt,
Wenn ihr meinen Worten Glauben schenkt:

Ich bin der Vogel der Geschichten.
Und eines, das stimmt ganz genau –
Von wegen Unsinn und mitnichten –
Ich bin sehr weise und sehr schlau.

Und wenn dieser Tipp nicht reicht,
Nüsse knacken ist ganz leicht.
Ich braucht nicht lang, um zu begreifen:
Sie brechen unter Autoreifen.

Des Rätsels Lösung ist jetzt keine Frage!
Ich merk's euch an, ihr habt die Gabe!
Wer bin ich nun? Der …

Ich geh und steh
Auf zweimal vier Bein'.
Mich gibts in groß
Und auch in klein.

Ich wohn in Ecken
Und in Hecken,
Ich leb sogar in deinem Haus.
Nein! Bin keine Maus.

Ich spann Fäden
lang und fein.
Ich knüpf daraus ein Netz,
und damit kauf ich ein.

Da, wo ich bin, ist noch Natur,
Sind Fliegen, Mücken, Leben pur!
Ihr fürchtet mich?
Das will ich nicht!
Ist nicht in meinem Sinne.

Na, wer bin ich?
Eine ...

Sag, kennst du die *Wollmilchsau*?
Eierlegend ist sie und ihr Fell ist blau.
Dieses Tier – und das spricht Bände –
Ist nichts Bess'res als Legende.
Aber Milch und warme Wolle
Spielen auch bei uns 'ne Rolle!

Wir leben nicht so gern allein,
Da halten wir es mit den Pferden,
Durchziehn die Welt in lauten Herden.
Mensch und Hund wollen uns leiten.
Ob mit Erfolg? Da kann man trefflich streiten!
Doch ist's schön, dass treu sie uns begleiten.

Dann und wann zu schönen Zeiten,
Da verlassen wir das Feld,
Und wir ziehen dann als Wolken
Übers weite Himmelszelt.

Gemeinhin gelten wir als brav.
Helfen euch Kindern in den Schlaf,
Weil man uns gerne zählen darf.
In eurem warmen Wolkenhafen
Träumt ihr dann von uns als …

Leb auf dem Land und in der Stadt,
In Wäldern, an den Küsten,
Auf Wiesen und in Wüsten.

Ich wohn bei dir, gleich um die Ecke.
Ja, nicht nur Spinne, Katz und Maus
Wohnen mit in deinem Haus.

Mein Lieblingsplatz, der ist das Dach,
Vielleicht auch der Balkon.
Ist dein Geist nun endlich wach?
Weißt du die Lösung schon?

Ich bring euch Menschen Friedensgrüße.
Und wie einstmals Ross und Reiter
Trug ich eure Briefe weiter.
Nicht übers Land, nein, durch die Luft!
Postfliegerin war mein Beruf.

Hm!? Dieser Tipp klingt zu verquer?
Noch ein Versuch? Gut, bitte sehr:
Ich sitz auch gern mal in der Laube.
Wer bin ich nun? Die …

In den Bergen nist' ich und auf Bäumen.
In den Nächten, da die andern träumen,
Bin ich auf der Jagd.

Mit großen Augen unverzagt
Such ich nach Hasen, Igeln, Schnecken,
Die sich im Unterholz verstecken.

Meine großen Federohren
Sind nicht zum Hören, sind nur schick
Und fangen euren Blick.

Und eben das, das ist ihr Zweck,
Dass Mensch und Tier sich arg erschreckt!

Gemeinsam mit den Fledermäusen
Wohn ich in Türmen und Gehäusen.
Mein Ruf hallt durch der Nächte Ruh.
Sei still und horch: Ich ruf …

Ein Tier mit X, Y oder V?
Wenn ich so in die Gegend schau,
Fällt mir auf Anhieb keines ein.
Welches Tier soll das denn sein?

Was lachst du da so oberschlau?
Du führst doch was im Schilde!
Hier geht's um heimische Gefilde!

Xenosaurus, Yellowstone-Elch, Vielfraß-Maus,
Du kennst dich aus! Respekt, Applaus!
Sie scheiden aber deshalb aus.

Nun lass uns mal zusammen sehn,
In Büchern mag die Lösung stehn:

Ein Tier mit einem großen V …
Ich weiß mir keinen Rat! Obwohl –
Mit langen Federn grün und blau
Schlägt es sein buntes Rad.

Doch wie schreibt man es genau?
A und U gleich AU,
Davor ein P und F und nicht ein V!

Okay, der Pfau ist's nicht, da helfen keine Tricks!
Machen wir weiter mit dem X!
Tut mir leid! Da weiß ich nix!

Dasselbe gilt – du ahnst es schon –
Für das Tier mit Ypsilon!
Und das Yak? Das sagst du so,
Gibt's bei uns hier nur im Zoo.

Geben wir auf, was denkst du dir?
Nein, da können wir nur lachen.
Wir machen keine halben Sachen!
Wir sagen mal: VXY-Tier!

Und was meint ihr?

Dieses Tier, das gibt es niemals nie?
Doch ganz gewiss – in unsrer Fantasie!

Ihr nennt mich Meister Isegrim,
Bin grau und ziehe durch die Lande.
Mein Ruf ist dunkel und recht schlimm,
Die Menschenwelt, die streif ich nur am Rande.

In Märchen, Fabeln und in Sagen
Dort zähl ich zu den Bösewichten.
Mein Handeln da gibt Grund zu klagen,
Ich bin das Unheil der Geschichten.

Doch ist da wirklich etwas dran?
Was, wenn ich dafür gar nichts kann?

In alter Zeit, da war noch Platz,
War in der Welt noch Leere.
Mensch und Tiere kamen dort
Sich selten in die Quere.

Woher bloß kommt mein schlechter Ruf?
Vielleicht liegt's an dem Heulen.
Unheimlich, nachts bei vollem Mond,
Belauscht von Fuchs und Eulen.

Vielleicht verursacht durch die Jagd?
Hol ich mir doch so manches Schaf
Des Nachts und raube euch den Schlaf.

Altes Wissen ist es, gar nicht neu,
Das sich heute noch in Büchern findet:
Wir stehen doch in einem Bund
Seit Jahr und Tag. Es ist der Hund,
Der uns auf immer bindet.

Der Dichter reimt nun unbeholf:
Machen wir's kurz: Ich bin der …

Butter, Käse, Fleisch und Fisch
Habt ihr gerne auf dem Tisch.
Meint ihr, all das kommt von mir?
Ja, was bin ich für ein Tier?

Eine Kuh, ein Fisch, ein Schwein?
Drei in eins? Das kann nicht sein!
Das mit dem Fisch fällt schon mal raus!
Wie ein Schuppentier seh ich nicht aus!

Mein Fell ist lang, bin dicht behaart.
Mal lang, mal kurz – und spitz und hart
Sind meine Hörner.

Und was fress ich? Keine Körner!
Lieber Blätter, gerne Sträucher,
Und ganz selten auch mal Gras –
Daran haben Schafe Spaß.

Klettern, das ist mein Vergnügen,
In den Bergen schallt mein Ruf:
»Määähmeckmeck!« von steiler Stiege.
Na, wer bin ich? Eine …

Ich bin ...

Knisterknister – raschelraschel! Wir Ameisen knisterrascheln, soll heißen: Wir leben gerne zusammen. Von sehr wenigen bis zu ganz vielen: Wir leben in Nestern mit zehn, aber auch in Nestern mit vielen Millionen Artgenossen! Und wir wuseln so ziemlich überall auf der Welt herum. In Europa gibt es zum Beispiel die Rote Waldameise. Deren Nester findet ihr, wenn ihr durch die Wälder streift, wie der Name schon sagt. Und warum rot? Ach, da kommt ihr von ganz alleine drauf!

In der ersten Strophe des Rätsels ist von Nadelbeinen die Rede. Die Roten Waldameisen bauen ihre Nester aus allem Möglichen: kleinen Ästen, Holzstücken, kleinen Steinchen und – aus Tannennadeln. Und wenn ihr aus der Ferne auf so einen Ameisenhügel schaut, dann könnt ihr durchaus den Eindruck gewinnen, dass sich die Nadeln wie kleine Beinchen bewegen. Aber Nadeln bewegen sich ja eigentlich nicht! Wenn ihr näher an unseren Hügel herangeht, dann lüftet sich dieses Rätsel. Das Gewusel und Gewimmel veranstalten natürlich wir Ameisen selbst! Oft aber bewegen sich auch die Tannennadeln, weil wir Ameisen sie hin- und herschleppen.

Die zweite Strophe handelt davon, dass wir Ameisen gewaltige Lasten transportieren können. Wir können zum Beispiel eine Schmetterlingsraupe hinwegziehen, obwohl sie viel größer ist als wir Ameisen selbst. Und wenn eine Last für eine von uns doch mal zu schwer sein sollte, dann helfen ihr die anderen Ameisen beim Abtransport.

Ameisen als Bauern? Ameisen als Hirten? Klingt sensationell, oder? Und das ist es auch! Manche Ameisenarten züchten in ihren Nestern wirklich Pilze, die sie dann essen können. Sie nennen sich Blattschneiderameisen. Ihr Name gibt euch einen Hinweis, wie das mit der Pilzzucht funktioniert. Sie zerschneiden Gräser oder Blätter und bringen sie in ihre Nester, wo sie in speziellen Kammern abgelegt werden. Und dort wachsen dann auf den Blattstückchen die Pilze. Die sehen aber nicht wie Champignons aus, sondern eher wie eine Art Schwamm. Pilze sind es aber trotzdem.

Und die Sache mit den Läusen? Nun ja, damit verhält es sich so: Läuse ernähren sich von dem Saft der Pflanzen. Sie krabbeln auf Ästen, Blättern und Zweigen herum und knabbern sie an. Dabei produzieren die Läuse einen Saft, der Honigtau heißt. Er ist sehr süß und sehr nahrhaft. Die Ameisen besuchen nun die Läuse und melken sie. Dazu berühren sie den Hinterleib einer Laus und die gibt ihren Saft her! Klar, es ist nicht ganz dasselbe – aber ein bisschen erinnert einen das daran, wie ihr Menschen zum Beispiel eure Kühe melkt.

Ganz am Schluss geht es darum, wie ein neuer Ameisenstaat entsteht: Junge Königinnen ziehen ganz allein aus und suchen sich einen Platz für ein neues Nest. Sie fliegen oder laufen dorthin – je nach Ameisenart. Das Besondere bei der Gründung ist, dass bei uns nur die Königinnen Ameisen zur Welt bringen können, die den neuen Staat bevölkern. Sie legen jede Menge Eier, aus denen die Ameisen schlüpfen. Diese Ameisen arbeiten dann als Bäuerinnen und Hirtinnen, sind Baumeisterinnen und auch Soldatinnen, wenn sie ihr Nest verteidigen müssen.

> Bevor ihr auf des Rätsels Lösung kommt,
> Verschwind ich heimlich, still und leise.
> Trag die Rätselnuss davon,
> Eure fleißige Ameise

Brrrrruuummm! Sicher habt ihr schon von uns Bären gehört, und vielleicht habt ihr uns auch schon in Zoos gesehen. Große und beeindruckende Lebewesen sind wir. Mit einem dichten Pelz, mal schwarz, mal braun, mal weiß. Wie wir dann jeweils heißen, könnt ihr euch sicher gut zusammenreimen: Schwarzbär, Braunbär und – Weißbär? Was meint ihr? Weißbären gibt es nicht? Stimmt! Da habt ihr recht: Unsere Brüder und Schwestern im hohen Norden heißen nicht Weißbären, sondern Eisbären. Sie leben in der Arktis, in Kälte, Eis und Schnee.

Kennt ihr vielleicht noch andere Bärenarten? Zum Beispiel diejenige, die gerne Bambus frisst? Hm? Ja, genau! Der Pandabär. Fragt mich jetzt nicht, wie die klingen. Aber brummen tun sie gewiss auch. Nur auf Pandabärisch!

Auf den ersten Blick wirken wir Bären gemütlich und friedlich. Das liegt wohl daran, dass wir mit unserem dichten Pelz und unserem schweren Körper einen ziemlich trägen Eindruck erwecken. Aber das täuscht! Und wie das täuscht! Auf allen Vieren können wir mit einer Geschwindigkeit von bis zu fünfzig Kilometern pro Stunde unterwegs sein. Das ist die Höchstgeschwindigkeit, mit der Autos in Städten und Dörfern fahren dürfen! Und wenn wir uns bedroht fühlen, können wir uns auf unsere Hinterbeine stellen. Wenn wir aufrecht auf zwei Beinen stehen, sind die meisten von uns Bären deutlich größer als so mancher erwachsene Mensch!

In der sechsten Strophe ist vom Winterschlaf die Rede. Und vom Winterspeck. Tatsächlich verbringen so manche Bärenarten den Winter an geschützten Orten, etwa in einer Höhle. Dann lassen wir es ruhig angehen und bewegen uns nicht vom Fleck. Wir verschlafen die kalte Jahreszeit und unser Winterspeck hilft uns dabei. Er hält uns warm und dient uns zugleich als Nahrung. Doch denkt jetzt nicht, wir Bären würden an uns selbst herumknabbern! Ihr müsst euch das eher so vorstellen: Das

Fett, das wir uns in der warmen Jahreszeit angefressen haben, wird bei Bedarf in Energie verwandelt. In eine Art Kraftstoff, mit dem unser Bärenkörper warm gehalten und ernährt wird. Bei euch Menschen ist das ganz genauso: Wenn ihr zum Beispiel einen Apfel, eine Kartoffel oder ein Würstchen esst, dann werden diese in eurem Mund, eurem Magen und eurem Gedärm verdaut und in Energie umgewandelt. Die braucht ihr, um zu spielen, zu wachsen, zu lernen und zu schlafen. Ganz so, wie wir Bären auch.

Tragt ihr an den Rätseln schwer?
Macht so weiter, euer Bär

Es geht ums Versteck spielen! Dieses Spiel kennt ihr ja sicher. Man sucht sich ein Plätzchen, an dem man sich gut verbergen kann. In einer Kiste zum Beispiel, unter der Bettdecke oder auch hinter einem Baum. Ihr tut also euer Bestes, um euch den Blicken der Suchenden zu entziehen. Und genau das machen wir Chamäleons auch.

Aber wie? Klar, den Trick mit dem Baum kennen wir auch. Aberrrrr wir haben da noch ganz andere Möglichkeiten! Wir passen uns unserer Umgebung an! Vollkommen unsichtbar sitzen wir zum Beispiel auf einem Baum, denn unsere Haut kann die Farbe der Rinde und des Holzes annehmen. Unglaublich, oder?! Und wenn wir auf einem Felsen ein Sonnenbad nehmen, passiert genau dasselbe.

Aber wie kriegen wir Chamäleons das eigentlich hin? Unsere Haut besteht wie bei euch Menschen auch aus vielen, vielen Zellen. Ihr könnt euch das wie ein Puzzle vorstellen, das sich aus ganz vielen winzigen Teilchen zusammensetzt.

So weit, so gut! Und es wirrrd noch besser! Unsere Zellen haben etwas, was eure menschlichen Zellen auch haben. Das sind die sogenannten Organellen. Jede Hautzelle hat sie. Es handelt sich hierbei um Teile, die mit Farbstoffen gefüllt sind. Die große Sache ist nun: Bei euch Menschen bleibt die Farbe der Haut immer mehr oder weniger gleich. Sie ändert sich nur dann und wann ein wenig. Wenn ihr krank seid zum Beispiel oder wenn ihr etwa im Sommer durch die Sonneneinstrahlung braun werdet.

Unsere Organellen hingegen können verschiedene Farben zeigen. Deswegen klappt das mit der Tarnung auf einem Stein oder auf, an und manchmal auch hinter einem Baum so gut.

Eure Rätselaugen leuchten schon!
Viel Spaß, euer Chamäleon

Niörrrararararagschnuffffniörrrararararg! Man könnte sagen, ich bin ein Wiesen-Wald-und-Flur-Tier. Wiese und Wald kennt ihr bestimmt, aber was ist die Flur? Mit *dem Flur* in eurer Wohnung, eurer Schule oder Kita hat *die Flur* nichts zu tun.

Die Flur bezeichnet keinen Gang in einem Gebäude, sondern Gebiete, zum Beispiel Wiesen und Felder, die landwirtschaftlich genutzt werden. Es sind *offene Landschaften*, weil man sie gut überblicken kann. Anders als der Wald, in dem man nicht so weit sehen kann.

Ich also mag sowohl die Flur als auch den Wald. Dort bin ich zu Hause und durchstreife sie auf allen Vieren, an denen ich starke Krallen habe. Niörrrschnuffneeeerrrrg! Wofür meine Krallen gut sind, erzähle ich euch gleich.

In Strophe 2 wird's kunterbunt! Genau: Es geht jetzt um die Sache mit dem Hund. Um eines klarzustellen: Ich belle nicht! Hab es nie getan und werde es auch nicht tun. Ich bin auch nicht so gesellig wie eure treuen Begleiter. Und dennoch ist es nicht ganz verkehrt, mich mit den Hunden in Verbindung zu bringen. Die Hunde, die Wölfe und ich haben gemeinsame Wurzeln. Ja, so könnte man das ausdrücken. Diese Wurzeln reichen in der Zeit weit, weit zurück. Da wart ihr Menschenkinder noch gar nicht auf der Welt. Millionen von Jahren ist das her. Da lebten Tiere, aus denen sich die Wölfe und eben auch die Dachse entwickelt haben. Wie man auf so was kommt? Zum Beispiel, indem man sich die Knochen dieser uralten Tiere anschaut und mit meinen vergleicht. Die ähneln sich nämlich einander sehr.

Übrigens würdet ihr staunen, wenn ich euch erzählen würde, wer sonst noch zu den hundeartigen Tieren gehört. Aber vielleicht tu ich's doch lieber nicht, denn das glaubt ihr mir nie im Leben! Wie bitte? Ihr wollt es doch wissen? Niörrrararararaararararg! Das lob ich mir! Man kann nie genug wissen. Also, spitzt die Ohren! Hunde, Walrosse, Robben und Bären gehören dazu. Toll, was ihr Menschen alles so über die Welt herausfinden könnt, oder?

Wir Dachse sind für unsere Baukunst bekannt. Und das – ich muss es einfach so sagen – völlig zu Recht! Das ergibt sich schon aus meinem Namen: *Dachs* bedeutet bauen und zimmern. Manche Wissenschaftler meinen auch, er könnte mit dem Wort *dick* zusammenhängen. Dann wäre ich ein *Dickling*. Das ist mir aber zu dick aufgetragen! Ich bin also Handwerker und Architekt. Unsere Bauten liegen unter der Erde. Ihre Eingänge sind gut verborgen unter Büschen oder Bäumen. Die Gänge unserer Bauwerke führen weit in die Erde hinein. In etwa fünf Metern Tiefe liegen unsere Wohnungen: Kammern zum Schlafen und Speisekammern. Oft legen wir mehrere Stockwerke an. Und was besonders interessant ist: Unsere Bauten sind oft sehr, sehr alt: nämlich Jahrzehnte, manchmal sogar Jahrhunderte alt. Jede Dachs-Generation vergrößert den vorgefundenen Bau. Es entstehen neue Kammern und neue Gänge. In Großbritannien gibt es einen Dachsbau mit fünfzig Kammern und 178 Eingängen. Dazu Tunnel, die insgesamt 879 Meter lang sind. Unglaublich – aber wahr!

Bedauerlich! In diesem Buch gibt's keine FAQs.*
Ihr packt das trotzdem, euer Dachs

*FAQs ist die Abkürzung für *frequently asked questions*. Das ist Englisch und bedeutet *häufig gestellte Fragen*. FAQs findet ihr oft auf Homepages von Firmen, Vereinen oder auch Einzelpersonen im Internet. Dort sind häufig gestellte Fragen aufgeführt, die angeklickt werden können. Beantworten die Auskünfte, die man auf diese Weise erhält, die eigenen Fragen, muss man nicht mit den Firmen, Vereinen oder Einzelpersonen telefonieren oder sie anderweitig kontaktieren.

Also, wie es euch geht, weiß ich ja nicht. Aber ich für meinen Teil, ich wusele gerne auf Bäumen herum. Und ich bin auch nicht wählerisch. Ich mag alle Bäume! Vielleicht allein deswegen, weil sie mir mein täglich Brot schenken: Eckern, Samen und Nüsse. Oh, ich esse auch andere Dinge wie Insekten, aber Nüsse sind mir am liebsten. Uuuuiwwtju!

Und ich brauche eine Menge davon! Schon deswegen, weil ich im Winter wach bin, wie ihr Menschen auch. Ebenso wie ihr Menschen müssen wir Eichhörnchen in der kalten Jahreszeit gut essen. Damit ich die Winterzeit überstehe, sammele ich so viele Samen und Nüsse, wie ich kriegen kann. Und ich verstecke sie irgendwo. In Baumhöhlen beispielsweise. Aber verbuddeln lassen sich Wintervorräte auch ganz hervorragend. Aber – uuuuiwwtju! – man sollte sie dann auch wiederfinden …

Mein buschiger Schwanz ist so etwas wie mein Markenzeichen. Er sieht sehr schön aus und schmückt mich ungemein, aber er ist auch sehr nützlich! Mit ihm kann ich das Gleichgewicht halten, wenn ich zum Beispiel Bäume oder Hauswände hoch und runter oder runter und hoch sause. Oder wenn ich durch die Lüfte springe von Ast zu Ast. Wenn es kalt ist, kann ich mich in ihn wie in eine Kuscheldecke einmummeln. Praktisch, nicht wahr?

Mein Name ist euch Menschen noch ein Rätsel. Komisch eigentlich! Schließlich habt ihr selbst mich so genannt. Das *Eich-* in Eichhörnchen kommt vielleicht von dem gleichnamigen Baum, der Eiche. Andere denken, dass es zu *aig-* gehört, einem ganz alten Wort. Das bedeutet: sich heftig bewegen. Könnte auch gut passen, denn ich bin sehr geschwind unterwegs! Aber *Hörnchen*? Ich glaube ja, dass das von meinen spitzen Ohren herrührt. Da kann man schon mal an Hörner denken. So, wie bei einer Kuh oder einer Ziege.

So sucht der Wahrheit kleines, tiefes Körnchen.
Ich hab's versteckt! Euer Eichhörnchen

Die erste Strophe handelt von unseren Wohnplätzen. Flatterflappflapp! Wir mögen Höhlen und Gemäuer, zum Beispiel alte Häuser und Burgen. Wenn ihr Menschen Nistkästen für uns aufhängt, nehmen wir das aber auch gerne an. An unseren Wohnplätzen hängen wir tagsüber mit dem Kopf nach unten und ruhen friedlich. Oder wir halten unser Fell in Ordnung und kümmern uns um den Nachwuchs. Unsere Kinder hängen mit uns ab oder klammern sich an uns fest. Natürlich kopfunter.

Erst des Nachts verlassen wir unsere Quartiere und fliegen zur Insektenjagd in die Dunkelheit hinaus. Wie vieles andere, was nachts passiert, findet ihr Menschen das an uns unheimlich. Vielleicht, weil ihr lange Zeit nicht wusstet, wie wir uns in der Finsternis zurechtfinden.

Wir haben keine besonders guten Augen – anders als die Eulen und Uhus. Dafür verfügen wir über etwas, was nun wirklich nicht jedes Wesen hat. Schallwellen nämlich, eine richtig feine Sache! Aber was ist das und wie funktioniert das mit den Schallwellen? Also, damit verhält es sich folgendermaßen: Wir Fledermäuse stoßen während des Fliegens Schallwellen aus. Eure Menschenohren können diesen Schall nicht hören. Diese Wellen nun sausen schneller, als wir fliegen, durch die Nacht. Wenn sie auf ein Hindernis treffen – auf einen Baum, ein Haus oder einen Menschen –, dann kommen die Wellen zu uns zurück. Und dadurch wissen wir ganz genau, was um uns herum los ist! Das ist so ähnlich, als ob ihr einen Ball gegen eine Wand werft und er zu euch zurückkommt.

Trotz unserer Flügel und unserer Flüge durch die Nacht haben wir Fledermäuse mit den Vögeln nichts zu tun. Wir legen auch keine Eier und brüten diese aus. Unsere Babys wachsen in unserem Bauch genauso, wie ihr in euren Mamas gewachsen seid. Und wie eure Mamas ziehen auch die Fledermausmütter ihre kleinen Fledermäuse mit Muttermilch auf. Wir sind also wie ihr Menschen auch – flatterflappflapp! – Säugetiere.

Den Namen Fledermaus finden wir witzig. Mäuse sind wir nicht. Aber immerhin sind auch Mäuse Säugetiere, und wir sehen einander ein wenig ähnlich. Uns mit einer Maus zu vergleichen, ist also schon näher an der Wahrheit, als uns für Vögel zu halten ...

Und der Wortteil *Fleder-* in Fledermaus, der passt nun bestens! *Fleder-* kommt nämlich von den früher in der deutschen Sprache existierenden Wörtern *fledarōn* (ganz alt) bzw. *vlederen* (mittelalt) und bedeutet nichts anderes als *flattern*. Wir sind eben *Flattermäuse*. Wir schlagen beim Fliegen ganz schnell mit Flügeln.

> Euren Geist hör ich laut rattern
> In diesem rätselhaften Graus.
> Eure flatterhafte Maus

Die erste Strophe liefert euch schon ein ganz wichtiges Stichwort, um uns auf die Spur zu kommen: das Wort *Federvieh*! Naaanaknaaak! Wir Gänse sind Vögel – ganz egal ob Hausgans oder Wildgans –, und Vögel haben nun mal Federn, ein Federkleid beziehungsweise ein Gefieder. Beide Wörter stehen für dasselbe. Aber mit Federvieh meint man eigentlich schon etwas Besonderes: Klar, alle Vögel haben Federn und tragen diese nach ihrer jeweils eigenen, zeitlosen Mode. Und rein theoretisch gehören sie damit zum Federvieh. Aber eigentlich meint ihr Menschen damit vor allem die Vögel, mit denen ihr besonders zu tun habt, weil sie euch Eier und Fleisch und Federn für eure Bettdecken und Kopfkissen liefern: also zum Beispiel Hühner, Enten, Gänse, Puten, Truthähne und einige andere.

Spannend an Gänsen und – naaaak – an Enten ist, dass sie in allen Sphären der Welt unterwegs sein können: auf dem Land, auf dem Wasser, unter Wasser und in der Luft! Wir können also gehen – oh Verzeihung – watscheln, wir können auf und unter Wasser schwimmen, und wir können fliegen.

Gänse als Alarmanlagen!? Ja, das mag wohl so gewesen sein. In der dritten Strophe wird vom Kapitol in Rom erzählt. Hierbei geht es um das alte Rom und dessen Burgberg, den man damals Kapitol nannte. Auf diesem Burgberg stand der Tempel der Göttin Juno. Zu diesem Heiligtum gehörten auch Gänse, und diese Gänse sollen vor über 2400 Jahren die Stadt Rom mit ihrem lauten Geschnatter vor einem Angriff der Gallier gewarnt haben. Wenn ihr es genau wissen wollt, war dies im Jahr 387 v. Chr. Der römische Historiker Livius schreibt dies in seiner Stadtgeschichte. Ob's wirklich so war? Wer kann das schon sicher sagen, naaaknaaknaaak? Auf jeden Fall ist es eine spannende Geschichte. Und spannende Geschichten verdienen es, erzählt zu werden.

In der vierten Strophe wird mit einem Vorurteil aufgeräumt, das man gemeinhin uns Gänsen gegenüber hegt, nämlich dass wir Dummvögel seien. Vielleicht habt ihr das Schimpfwort dumme Gans schon mal gehört? Im alten Griechenland und im alten Rom hingegen galten wir Gänse als schlau. Unsere Vorfahren hatten nämlich die Angewohnheit, Philosophen hinterherzuwatscheln. Philosophen sind Menschen, die die »Weisheit lieben« und sich über alles Mögliche ziemlich komplizierte Gedanken machen. Ganz bekannte sind zum Beispiel Aristoteles und Platon. Davon erfahrt ihr in der Schule sicher mehr. Wir Gänse können also so blöd nicht sein, wie es immer heißt. Naaaknaknaaak!!!

In den letzten beiden Strophen ist von berühmten Geschichten und Liedern die Rede, in denen wir Gänse eine wichtige Rolle spielen. Es gibt etwa die alte Fabel »Von der Gans, die goldene Eier legt«. In der sechsten Strophe geht es um das Lied »Fuchs, du hast die Gans gestohlen« und die berühmte Geschichte von Selma Lagerlöf, die von dem Jungen Nils Holgersson erzählt, der sich mit dem Gänserich Martin und der Wildgans Akka von Kebnekajse und ihrer Schar auf eine Reise durch Schweden begibt.

Verschreibt euch diesen Rätseln
Gar und ganz, doch ohne Mogel.
Euer schlauer weißer Vogel

Wuuuffwufff! So, da seid ihr also auf den Hund gekommen. Schon wieder so ein Sprichwort! Woher es kommt und – vor allem – was es euch sagen will, ist gar nicht so leicht festzustellen! Im Grunde haben wir hier ein Rätsel im Rätsel! Sollen wir dem gemeinsam nachspüren? Schnuffschnuff! So spitzt die Ohren und passt gut auf!

Halten wir uns erst einmal an diejenigen, die ungeheuer viel über die deutsche Sprache herausgefunden und Märchen gesammelt haben: Die Brüder Grimm. Die meinten, dass dieses Sprichwort für Verbrecher galt, die es wert waren »gleich einem Hund erschlagen und aufgehängt« zu werden. Das klingt nicht gerade toll, weder für den Menschen noch für den Hund, oder? Wuffwuff!

Wenn das wirklich des Pudels Kern ist, dann kann man Folgendes festhalten: Die Bedeutung des Sprichwortes hat sich gewandelt, oder es hatte von Beginn an mehrere Bedeutungen. Es kann zum Beispiel auch mit speziellen Kisten zu tun haben, in denen etwas Wertvolles aufbewahrt wurde. In früheren Zeiten hat man Geld, Gold, Silber und andere Schätze gerne in Truhen gelagert. Und nun war es so, dass man ab und an auf den Boden solcher Truhen Hunde als Wächter gemalt oder sie in den Boden hineingeschnitzt hat. Wenn das Geld zur Neige ging, dann kam der »Wachhund« zum Vorschein. Man war »auf den Hund gekommen«. Man hatte nichts mehr, man war pleite, was nicht so toll ist! Aber auch ein Dieb »kam auf den Hund«, wenn er die Truhe mit dem wertvollen Schatz ausräumte und am Ende auf den Wachhund stieß. Ob das wohl gewirkt hat? Und deshalb verwendet man dieses Sprichwort auch ganz allgemein, wenn einem etwas Schlechtes widerfährt. Es gibt aber auch eine gute, eine schöne Bedeutung: »Auf den Hund gekommen« sind all diejenigen, die uns Hunde mögen und mit uns ein Rudel bilden.

In der zweiten und der dritten Strophe geht es um unsere Vorfahren, die Wölfe. Vor etlichen tausend Jahren geschah es, dass die Menschen auf die Idee kamen, Wölfe zu domestizieren. Klingt kompliziert, war aber vielleicht gar nicht so schwierig. Das Wort *domestizieren* bedeutet *zähmen* und auch *züchten*. Ihr Menschen habt also vor langer Zeit damit begonnen, die Wölfe an euch Zweibeiner zu gewöhnen. Zum Beispiel, indem Menschen ihnen zu fressen gaben. Und nach und nach veränderten sich die Wölfe und wurden zu Hunden. Mit der Zeit arbeiteten Mensch und Hund immer enger zusammen. Zum Beispiel beim Hüten von Schaf- und Rinderherden. Und überhaupt stellte es sich als sehr praktisch heraus, mit Hunden bekannt zu sein und mit ihnen zusammenzuleben, denn Wölfe und Hunde bewachen ihre Freunde. Allerdings gilt das bei den Wölfen nur für andere Wölfe. Wir Hunde hingegen bewachen euch Menschen. Ihr Menschen seid es, für die wir Wache stehen. Raaawufffwafff!

In der vierten Strophe geht es um Hunde, die wie die Huskys die Schlitten in den kalten, schneebedeckten Weiten ganz im Norden und ganz im Süden der Welt ziehen. Unermüdlich sind diese Hunde, die schwere Lasten und auch Menschen auf den Schlitten ziehen können! Ganz berühmt sind die Hunde, die am »Wettrennen« um den Südpol dabei waren. Das fand 1903 statt. Auch das ist schon ganz schön lange her! Robert Falcon Scott und Roald Amundsen versuchten damals, jeweils als Erster mit ihren Mannschaften den Südpol zu erreichen. Amundsen hat das Rennen für sich entschieden, Scott kam mit einigen seiner Leute dabei ums Leben.

Wir Hunde haben einen sehr feinen Geruchssinn. Der kommt uns zugute, wenn wir etwas zu fressen finden wollen. Und wir finden immer was, auf jedem Spaziergang! Alle, die mit Hunden zusammenleben, wissen das. Und die wissen auch, was so ein Hund alles in sich hineinschlingen kann. Von manchem möchte man lieber gar nicht wissen ... Aber das ist ja nur die halbe Wahrheit: Gerade weil wir so gut schnuppern können, sind wir auch als Retter im Einsatz. Wir können verletzte oder

verschüttete Menschen unter Geröll und Schnee aufspüren. Vielen haben wir damit schon das Leben gerettet! Aaaaauuuuu!

> Rätsel lösen Stund um Stund,
> Hält Geist und Fantasie gesund.
> Das sagt euch euer treuer Hund.

Wir Igel sind – schnaufraschelschnauf! – sehr wehrhafte Tiere! Das Stachelkleid auf unserem Rücken und an unseren Seiten ist dicht. Da überlegt man es sich lieber zweimal, ob man uns beißt …

Unser Name aber bedeutet gar nicht Stacheltier, obwohl das wirklich passend wäre! Nein. Igel kann man am besten mit *Schlangentier* übersetzen. Das liegt daran, dass wir auch gern eine Schlange verspeisen, wenn wir eine erwischen. Meistens aber fressen wir Insekten und Regenwürmer – knnnaaarzschmatzknusperknirsch!

Und das tun wir übrigens nachts, denn wie Eulen, Fledermäuse und Dachse sind wir Igel nachtaktive Tiere.

Wir sind nicht nur als Rätseltiere beliebt, sondern kommen auch in Geschichten und Märchen vor. Ganz berühmt ist die Geschichte *Der Hase und der Igel*. Und darum geht es dort: Eines Tages kümmert sich ein Igel um seine Rüben auf dem Feld. Da kommt ein Hase vorbei und lacht ihn wegen seiner krummen Beinchen aus. Das ärgert den Igel sehr, und er fordert den Hasen zu einem Wettlauf heraus. Wer als Erster die andere Seite des Rübenackers erreicht, soll der Gewinner sein. Der Hase denkt bei sich, dass er das Rennen locker gewinnen werde. Schließlich hat er die längeren Beine und ist viel schneller als der Igel. Der Igel aber ist schlau und gewitzt. Er holt eine Igelin dazu und die versteckt sich am Zielpunkt am anderen Ende des Ackers. Warum sie das tut, erfahrt ihr gleich …

Und dann geht's los: Hase und Igel laufen gemeinsam los. Bald bleibt der Igel zurück und der Hase läuft siegesgewiss auf das Ziel zu. Da aber taucht die Igelin auf, kurz bevor er die Ziellinie überqueren kann, und ruft: »Ich bin schon da!« Oder wie es im Rätselgedicht heißt: »Ick bün all hier!« So spricht man in Norddeutschland, und die Sprache nennt sich Plattdeutsch. Das aber nur am Rande. Der Hase ist völlig perplex. Das

kann doch nicht sein, dass der Igel gewonnen hat! Er ist völlig außer sich und verlangt eine Revanche: Er will noch einmal mit dem Igel um die Wette laufen. Die Igelin stimmt zu, und das Rennen beginnt. Und was soll ich euch sagen? Es passiert genau dasselbe wie beim ersten Mal. Die Igelin läuft ein paar Meter mit und bleibt dann stehen. Der Hase rennt in Höchstgeschwindigkeit weiter und kurz vor dem Ziel taucht jetzt der Igel auf und ruft: »Ick bün all hier!«

Das geht noch viele Male so hin und her, bis der Hase einfach nicht mehr kann und der Igel das Rennen gewonnen hat. Wie am Anfang schon gesagt: Wir Igel wissen uns zu wehren. Schnaufraschelschnauf!

> Des Rätsels Lösung blickt euch an
> Aus der Wahrheit Feuerspiegel.
> Es grüßt euch herzlich, euer Igel

Nachtrag: Der Hase, auch bekannt als *Meister Lampe* oder *Mümmelmann*, hatte große Schwierigkeiten, Igelin und Igel voneinander zu unterscheiden. Deswegen konnte er unsere List nicht durchschauen. Wie man Igel und Igelin auseinanderhalten kann? Oh, das ist ganz einfach! Das ist so einfach, dass ihr das schon selbst herausfinden könnt …

J

J wie ...

Klappe zu, Klappe auf! Nein, so sprechen wir Jakobsmuscheln nicht. Unser Plappern geht im Meeresrauschen unter. Aber das nur am Rande.

Unser Rätsel beginnt mit einem bekannten Sprichwort: »Harte Schale, weicher Kern«. Damit meint ihr Menschen, die nach außen hin unnahbar wirken. Sie sind ein bisschen grummelig und man mag sie gar nicht recht ansprechen. Aber das ist nur der äußere Schein – die Schale eben. Tatsächlich sind solche Menschen oft ganz anders: sehr sensibel und verletzlich. Das Sprichwort erinnert einen schon an eine Nuss. Nüsse haben auch eine harte Schale, die ökologisch abbaubar und völlig natürlich ist, wie unsere Schale auch. Aber das Innere – ihr Fruchtfleisch –, das ist lecker und zum Glück auch viel weicher als ihre Schale. Das ist auch bei uns Jakobsmuscheln der Fall. Deswegen: Klappe zu!

In den ersten drei Strophen geht es um uns als Wasserlebewesen. Muscheln leben gerne zahlreich – oft in großen Kolonien – und für die längste Zeit im Wasser. In Meeren, Flüssen und Seen. Wir Jakobsmuscheln fühlen uns sowohl im Salzwasser als auch im Süßwasser zu Hause. Klappe zu, Klappe auf!

Im zweiten Teil des Rätsels geht es um den Jakobsweg. Irgendwoher muss der *Jakob* in unserem Namen *Jakobsmuschel* ja kommen. Der Jakobsweg ist ein Pilgerweg, den Menschen schon seit vielen, vielen Jahren entlangwandern. Geht man ihn vom Anfang bis zu seinem Ende, ist man sehr lange unterwegs. Aber eigentlich ist das nicht ganz richtig: Tatsächlich gibt es viele Ausgangspunkte in ganz Europa, sodass der Jakobsweg zunächst weitverzweigt beginnt und sich schließlich alle Wege am Ziel, dem Grab des heiligen Jakob in Santiago de Compostela, zusammenfinden. Santiago de Compostela liegt in Spanien. Ihr könnt euch das vorstellen wie ein gewaltiges Spinnennetz oder auch die Adern eines Blattes.

Im Christentum spielt dieser heilige Jakob eine ganz wichtige Rolle: Jakob war einstmals mit Jesus von Nazareth unterwegs. Jesus hat ihn und elf andere Männer beauftragt, seine Botschaft in der ganzen Welt zu verbreiten. Diese zwölf Männer werden Apostel genannt. Und einen von ihnen, nämlich Jakob, verschlug es nach Spanien. Dort ist er dann auch gestorben. Für Christen sind die Wege, die Jakob beschritten hat, etwas ganz Besonderes. Und deswegen gehen sie diese Wege nach. Leute, die so etwas tun, nennt man Pilger. Daher kommt das Wort Pilgerweg.

Jetzt fragt ihr euch sicher, wie wir Jakobsmuscheln auf den Jakobsweg kommen, da wir doch reine Wassertiere sind. Und was haben wir Muscheln mit dem heiligen Jakob zu schaffen?

Klappe zu, Klappe auf! So genau wissen wir Muscheln das nicht. Vielleicht hat er ja einfach uns Pilgermuscheln (das ist ein anderer Name für uns) gemocht. Vielleicht fand er uns schmackhaft? Klar ist nur, dass Jakob erst später mit uns in Verbindung gebracht wurde. Als er gelebt hat, hatten wir mit dem Apostel noch nichts zu tun.

Wie dem auch sei: Jedenfalls sieht man ihn auf mittelalterlichen Bildern mit unserer, der Schale der Jakobsmuschel am Hut, am Mantel oder an der Tasche. Sie ist sein Erkennungszeichen. Schon damals wurde die Muschel zum Symbol der Pilger und – viel später – auch zum Symbol des Jakobsweges. Zum Beispiel auf den Schildern, die den Pilgern den Weg weisen.

Januschel, Nunaschel
lasst doch das Genuschel,
eure Jakobsmuschel

Mmmmmmiiiaaaauuuu!

Ihr Menschen habt mir ja allerlei seltsame Namen verliehen: *Stubentiger* etwa oder *Miezekatze*. Steven, der Dichter der Rätsel hat sich den Namen *Schnurrbarttier* für mich ausgedacht. Mmmmiauuu! Passt doch ganz gut. Dieser Name taucht übrigens auch in einem anderen Rätsel auf. Dort geht es um Tiere, die ich zum Fressen gern habe …

Mir persönlich gefällt ja so etwas wie *Jägerin auf samtenen Pfoten*. Ja, das hat was! Vielleicht habt ihr ja auch ein paar Vorschläge. Schreibt mal an die Illustratorin oder an den Autor. Die freuen sich immer über Post. Und ich auch!

Aber ich schleiche auf Abwegen.

Interessant finde ich die dritte Strophe. Gut, da kommt schon wieder die unvermeidliche, aber eben auch sehr schmackhafte Maus vor. Aber eben nicht nur! »Seit Anbeginn der Zeit« heißt es da. Wie der Hund und die besagte Maus lebe ich schon viele tausend Jahre bei euch Menschen. Ihr braucht mich, um eure Vorräte vor allerlei Nagetieren zu schützen. Eines von ihnen beginnt mit dem Buchstaben M. Aus allen möglichen Ritzen und Löchern kommen sie, diese Käsestibitzerinnen! Zahlreich sind die Nester der Mäuse! Genug davon!

In der dritten und vierten Strophe besingt der Dichter meine Eleganz und meine Beweglichkeit. Wer kann schon so anmutig und wagemutig wie ich über Dachfirste und Äste spazieren? Und sollte ich doch einmal den Halt verlieren – was praktisch nie vorkommt – oder auf der Flucht zu einem gefährlichen Sprung gezwungen sein, dann, ja dann schwebe ich tatsächlich durch die Luft! Eine bewundernswerte Körperdrehung da, eine hinreißend schöne Pose dort und am Ende lande ich auf meinen vier Pfoten! Und das ganz leise, ich habe eben samtene Pfoten!

In der vierten Strophe geht es um mein Leben. Genau! Es geht richtig zur Sache. Wie bitte?! Was soll das heißen »viele Leben«? Ja, ihr habt recht. Steven drückt sich hier um eine klare Antwort. Die Sache ist aber auch complicato. Die einen sagen sieben Leben, die anderen neun. Also Folgendes:

Im alten Ägypten war die Zahl neun ganz besonders wichtig. Man dachte damals, dass die Welt von neun Gottheiten erschaffen wurde. Deswegen war den alten Ägyptern die Neun heilig. Nun ja, und eine der neun Gottheiten kam als Katze daher. So richtig klar ist das aber alles nicht. Die Ägyptologen rätseln immer noch darüber. Ägyptologen? So nennen sich die Wissenschaftlerinnen und Wissenschaftler, die das alte Ägypten erforschen. Fragt mich jetzt bloß nicht, warum auch die Menschen in Großbritannien und in den USA uns Katzen neun Leben zuschreiben. Vielleicht findet ihr das ja raus?

Und die Idee, dass wir Katzen sieben Leben haben, woher kommt die? Im Christentum ist die Zahl sieben wichtig. Sie kommt auch in euren Märchen oft vor. Zum Beispiel kennt das Christentum die sieben Tugenden. Gemeint sind gute Eigenschaften wie Klugheit und Gerechtigkeit. Und natürlich gibt es passend dazu auch sieben schlechte Eigenschaften: die sieben Todsünden wie zum Beispiel Neid und Geiz. Anders als im fernen alten Ägypten waren wir Katzen nicht sonderlich beliebt. Man dachte, dass wir mit Hexen und Dämonen gemeinsame Sache machen würden. Und dass wir mit Geschick auch die größten Gefahren unbeschädigt überstehen konnten, galt als Beweis dafür. Klar, dass dann die schlechte Seite der Zahl sieben an uns hängen geblieben ist. Doch auch hier gilt: Hier könnt ihr selbst noch richtig weiterforschen. Macht das auf jeden Fall! Wissen schaffen ist eine wirklich tolle Angelegenheit!

Aber im wirklichen Leben ist das mit den vielen Leben Schmu! Wir haben wie jedes Wesen auf Erden auch nur ein Leben. Wir können eben besser auf uns aufpassen als viele andere Tiere und leben dadurch länger.

Die fünfte Strophe dreht sich um mein Erfolgsgeheimnis: Ihr Menschen schätzt mich wegen meines weichen Fells und meiner ungemein beruhigenden Schnurrerei. Wenn ich mich an euch schmiege, seid ihr hin und weg. Aber ihr könnt nur mit mir schmusen, wenn ICH das wirklich will. Und ich handle nach dem Grundsatz: Man muss sich auch mal rarmachen ...

In der letzten Strophe geht es um das Märchen vom Gestiefelten Kater. Wenn ihr es noch nicht kennt, solltet ihr es unbedingt lesen oder euch vorlesen lassen. Mehr sage ich dazu nicht, will ja nichts verraten ... miiiiau!

Seid ihr des Rätsels wegen so nervös?
Kommt, ich halte eure Tatze.
Schnurrend steh beratend ich euch bei,
Grüß euch fröhlich, eure Katze

L wie ...

Also, in den ersten Strophen geht es um mein Äußeres, darum, wie eine Libelle eben so aussieht: Langgestreckter Körper mit langen dünnen Beinen. Sechs an der Zahl, bin ja schließlich keine Spinne. Vier Flügel und zwei große Augen ... sirrrrwirrrr!

Ihr nickt?! Ha, da hab ich euch! Aus der Ferne betrachtet, scheinen es ja auch nur zwei Augen zu sein. Schon gut, ich kann's ja nachvollziehen. Ihr Menschenkinder könnt nun mal nicht so gut sehen wie wir. Aber wenn ihr näher herangeht – keine Angst ich beiße nicht, jedenfalls keine Menschen –, dann könnt ihr ein wahres Wunder der Natur erblicken. Ich habe nämlich ganz, ganz viele Augen! Für mich ist das superpraktisch, weil ich mir so ein viel größeres und besseres Bild von der Welt machen kann als ihr Menschen und als viele andere Lebewesen auch. Wir Libellen haben nämlich bis zu 30 000 Augen, mit denen wir mehrere hundert Bilder in der Sekunde in uns aufnehmen können. Ihr Menschen schafft da gerade mal bis zu 65 Bildern in der Sekunde. Kaum zu glauben, aber wahr! Deshalb kann ich alles um mich herum sehr viel genauer erkennen als ihr.

Und dann ist da ja unser Flugapparat! Sirrrrwirrrsirrr! Unsere vier Flügel verleihen uns außergewöhnliche Fähigkeiten. Wir können von jetzt auf gleich die Richtung wechseln, auf der Stelle schweben und sogar den Rückwärtsgang einlegen. Also eure Beine können das nicht, oder täusche ich mich da?

Um meine Kindheit geht es in der vierten und fünften Strophe. Zuerst legen unsere Mütter im Wasser ihre Eier ab. Aus diesen Eiern schlüpfen wir als Larven und leben erst einmal unter Wasser. Nach einer Weile verlassen wir das Wasser und haken uns in unserer Larvengestalt an Wurzeln, Schilfstängeln und Ähnlichem fest. Haben wir einen solchen

Platz gefunden, schlüpfen wir nach einer gewissen Zeit aus der Larven-
hülle und – siehe da! – dann haben wir unseren endgültigen, unseren
schönen Libellenkörper.

Tut euch jetzt das Köpfchen weh,
Habt ihr vom Denken schon `ne Delle?
Fragt mich ruhig, ich helf euch schon,
Eure glitzernde Libelle

Zu den wenigen Gegenden, in denen ich nicht heimisch bin, gehören das weite dicke Eis der Antarktis und die richtig kalten Teile der Arktis, wie zum Beispiel der Nordpol. Denn auch dort liegt und schwimmt jede Menge gefrorenes Wasser herum. Es sind also die beiden Pole der Erde, an denen wir Mäuse nicht leben. Allerdings könnte auch dies sich noch ändern, denn der Klimawandel ist in vollem Gange. Leider. Aber das ist eine andere Geschichte. Mal so unter uns: Wir müssen da nicht hin, denn dort leben Eisbären und Robben (Arktis) und Wasserflieger und Scharfzähne (Antarktis). Wir können zwar auch schwimmen – Mäuse können ja bekanntlich so ziemlich alles, wenn es drauf ankommt –, aber diesen äußerst bemerkenswerten Tieren müssen wir uns dann doch nicht aussetzen. Miepspieps!

Wasserflieger und Scharfzähne?! Kennt ihr nicht? Bei allen Käsesorten dieser Welt! Macht nichts, erklär ich euch: Wasserflieger kennt ihr als Pinguine und Scharfzähne als Robben aller Sorten. Miepsschnauf! Wir wissen davon, weil wir mit Vertretern dieser Tiere im *Land der Vielen Inseln* bekannt sind. Wie bitte? Oh, Verzeihung! Ich spreche gerade von den Falklandinseln. Dort leben Pinguine, Seeleoparden (eine Robbenart) und Mäuse zusammen. Da schnappt man so manches auf. Ihr könnt das anderswo auch nachlesen. Schaut mal hinten ans Ende des Buches ...

In der ersten Strophe geht es um unsere Außenwirkung! Wir Mäuse sind nun wirklich possierlich anzuschauen. Fangen wir mal ganz oben an und arbeiten uns zum hinteren Ende durch: Da wären schon mal unsere Öhrchen. Nicht weit darunter liegen unsere tiefschwarzen Augen. Und schon sind wir bei unserem Maul mit den scharfen Schneidezähnen und den Schnurrbarthaaren. Letztere dienen uns zur Orientierung. So wie den Katzen auch. Nur, dass unsere Schnurrbärtchen *maustologisch* (das bedeutet in der Sprache der Mäuse, dem Mäusischen, so viel wie *cool*) schöner sind als die der Stubentiger. Wie sollte es auch anders sein! Und schon sind wir bei unserem runden Körper, der von vier zierlichen Füßchen getragen wird. Die haben recht praktische Krallen, mit denen wir sehr gut klettern können. Schließlich und endlich ist da noch unser langer Schwanz. Und – um alles abzurunden – tragen wir einen flauschigen Pelz. Alles in allem betrachtet, kann man uns ruhig charmant nennen.

In den folgenden Strophen geht es um unser Thema! Ihr sagt ja gerne: »Die sind wie Katz und Maus«, wenn sich zwei Menschen nicht verstehen. Ich finde, man könnte das Ganze ruhig umkehren und sagen: »Die sind wie Maus und Katz!« Denn schließlich ist ja wohl klar, wer hier die Nase vorn hat …

Und das geben wir ihnen, also den Samtpfoten, auch zu verstehen. Sie bemühen sich ja redlich, uns zu fangen, aber meist entscheiden wir den besseren Ausgang für uns und haben die Lacher auf unserer Seite. Den Katzen als den schlechten Verlierern, die sie nun mal sind, bleibt nur, hilflos zu fauchen und zu drohen: »Doch nächstes Mal bin ich zur Stell.« Zur Stelle sind sie ja, aber, wie eigentlich fast immer, zu spät. Unter uns Mäusen gilt übrigens als ausgemacht, dass Katzen auch keine guten »Katze-ärgere-Dich-nicht«-Spielerinnen sind …

Damit ist die vierte Strophe klar: In Menschenhäusern und auch sonst überall auf der Welt (außer in den eisbedeckten Gegenden, wo es auch keine Katzen gibt) sind wir die Chefinnen!

Eure Augen sind groß, die Stirne ist kraus?
Dieses Rätsel knackt ihr schon, eure Maus

Bei euch Menschen bin ich für meinen Gesang berühmt. Meine Lieder sind ruhig und sanft. Sie klingen lieblich in euren Ohren. Und ich habe eine Menge Lieder im Programm! Das Spannende ist, dass ich meine Songs auch umschreiben kann. Das haben Wissenschaftlerinnen aus Berlin herausgefunden. Berlin? War da nicht was? Ach ja, aber dazu kommen wir später ...

Ich singe laut und äußerst kunstvoll, aber wie sehe ich aus? Mein Gefieder ist hellbraun und leicht rötlich, nur mein Bauch ist eher weißgelblich. Alles in allem gelte ich bei euch Menschen als unscheinbar. Nun, wenn ihr meint! Mein Gefieder ist sehr fein und damit passt es gut zu meinem melodiösen Gesang. Was gibt es sonst noch über mich zu wissen? Ich lebe gerne in dichten Büschen und im Wald. Dort lege ich auch mein Nest an. Ihr habt natürlich mitbekommen, dass in dem Rätsel viel von der Nacht die Rede ist. Das kommt daher, dass ich vor allem abends und nachts singe, und das bis in die frühen Morgenstunden hinein.

Eine Sache wäre da noch! Es ist von mir als Nachtwächterin die Rede. Ja, ich singe in der Nacht, wie mein Name schon sagt. Übrigens tun das nur wenige Singvögel. So weit, so gut. Ich finde es echt super, wenn ich mit meinem Gesang zufällig eine Maus davor bewahre, von einem Uhu gefressen zu werden. Keine Frage! Viele Vogelgesänge dienen ja auch der Revierverteidigung und warnen vor Eindringlingen. Aber dass ich für die anderen Tiere als eine Art Wachschutz arbeite, hat sich der Dichter ausgedacht. Das nennt man dichterische Freiheit.

Warum aber singe ich so kunstvoll und bin dabei so wunderbar erfinderisch? Na ja, wer mag schon gern alleine sein. Ich finde so meine Nachtigall fürs Leben und gründe mit ihr eine Familie.

In der sechsten Strophe erfahrt ihr noch etwas anderes über mich. Etwas ganz Wichtiges! Ich bin ein Zugvogel. Wenn der Winter anbricht, verlasse ich Europa und überwintere in Afrika. Und damit hier keine Missverständnisse aufkommen: Ich fahre nicht mit dem Zug dorthin, sondern ich fliege.

Und zu guter Letzt geht es in der siebten Strophe um ein Berliner Sprichwort: »Nachtigall ick hör dir trapsen!« Damit will man in der Stadt der Spree und des Bären sagen: Da ist was im Busch! Okay, schon wieder ein Sprichwort. Ein Sprichwort mit einem anderen Sprichwort zu erklären, ist wohl nicht so geschickt. Also noch ein Versuch: Gemeint ist, dass etwas Komisches oder Seltsames bevorsteht.

Schön und melodisch ist mein Schall,
So singt für euch die Nachtigall.

Wir sind schon faszinierende Meereswesen, wir Oktopoden! Oktopoden? Also, ich bin ein Oktopus und wenn nun neben mir noch meine Eltern, meine Schwestern und Brüder schweben, dann sind wir mehr als ein Oktopus, also Oktopoden oder auch Oktopusse.

Grüüüüün!

Aber ihr fragt euch, was Oktopus bedeutet, stimmt's? Das heißt übersetzt: *Achtfüßler*. Aber überlegt mal, trifft dieser Name die Angelegenheit? Zumal es eine mühselige Angelegenheit ist, das Wasser auf hoher See, im tiefen dunkelfinsteren Ozean auf die Dauer mit Füßen zu treten …

Ihr merkt schon: Wir sind mittendrin im Rätsel, und zwar in der ersten Strophe. So ganz abwegig ist der Gedanke mit der Fortbewegung aber trotzdem nicht. Wir können zwar kein Wasser treten, aber auf dem Meeresboden durchaus mit unseren Fangarmen – unseren Tentakeln – vorankommen. Okay, ihr Menschen sprecht so manches Mal auch von unseren Beinen, meinetwegen. Aber es sind eben zugleich auch Fangarme, denn mit den Tentakeln schnappen wir uns unsere Verpflegung. Dabei haben wir ein richtig ausgeklügeltes System! An unseren Armen oder Beinen oder eben Tentakeln befinden sich Saugnäpfe. Einmal an einem Fisch oder einem anderen Meeresmitbewohner angelegt, können die nicht mehr entkommen!

Blauuuuu!

Nur eine kleine, aber wichtige Anmerkung nebenbei: Die meisten Vielarmler – so nennen wir uns selbst – oder auch Kopffüßler haben zehn und nicht acht Arme. Das ist zum Beispiel bei den Kalmaren so.

An unseren acht Armen hängt etwas, dass für euch Landläufer wie ein Kopf oder auch wie eine Nase aussieht. Und daran hängen dann

unsere *Füße*, die gar keine sind. Daher kommt der Name *Kopffüßler*. Außerdem sitzen unsere gut sichtbaren Augen auf dem oberen Teil unserer Gestalt. Kein Wunder, dass ihr Erdentreter meint, einen Kopf mit Armen zu sehen.

Doch jetzt kommt das große Aber: Der vermeintliche Kopf ist unser gesamter Körper! Darin befinden sich unsere Eingeweide wie Herz und Kiemen und auch ein Teil unseres Fortbewegungssystems. Wir können nämlich Wasser in unserem Körper sammeln und durch eine Art Trichter oder Düse am hinteren Ende nach draußen pressen. Mit dem so von uns erzeugten Rückstoß kommen wir unter Wasser sehr schnell voran.

Roooooooot!

Und nun noch zur vierten Strophe. Dort ist davon die Rede, dass unsere Feinde in der Tinte sitzen. Was soll das heißen und wie kann das gehen? Wenn wir Oktopusse in Gefahr sind, wenn uns zum Beispiel ein Raubfisch schnappen will, dann können wir eine dunkle Flüssigkeit ausstoßen. Die kommt aus einem Tintenbeutel, der sich in unserem Körper befindet. Der Witz an der Sache ist folgender: Die dunkelblaue Flüssigkeit erinnert euch Buchstabenschreiblesetiere an Tinte. Damit habt ihr vor allem früher viel geschrieben. Briefe, Gedichte und so fort. Ach, ich lasse mich gerade von einer Gedankenströmung wegtragen. Wo waren wir? Ja, Tinte und Gefahr – genau, das war's! Also, ein Raubfisch geht uns auf die Rückstoßdüse und will uns fangen und verspeisen. Da pusten wir unsere Tintenwolke heraus und machen uns zugleich mit unserem Wasserrückstoßsystem aus dem Staub. Es entsteht ein tintiger Wassernebel, und oft ist es sogar so, dass sich ein Jäger auch noch selbst einnebelt. Er rauscht in die Wolke, beißt hier, schnappt dort und vergrößert so den Tintennebel um sich herum. Bevor der endlich begreift, was er da tut, sind wir schon über alle Wellentäler und Wellenberge. Raffiniert, was?

Schwaaaarz!

Ihr habt euch sicher schon gewundert, warum ich zwischendurch grün, schwarz, blau und rot gesagt habe, nicht wahr? So unterhalten wir Vielarmler uns untereinander. Wir können nämlich die Farbe unserer Haut verändern. Hier ein klitzekleines Wörterbuch für Oktopodisch bzw. Vielarmlerisch:

Schwarz: »Ich bin richtig cool! Höchstwahrscheinlich der coolste Vielarmler im ganzen Ozean!«

Rot: »Achtung, mit mir ist nicht gut Plankton essen« (Kirschen stehen nicht auf unserer Speisekarte). »Schleich dich besser!«

Grün: »Freie Fahrt« oder auch »das Wasser ist klar«, ihr Menschen würdet sagen: »Die Luft ist rein«.

Blau: »Ich bin ruhig und gelassen.«

Wie?? Okay, okay! Die Bedeutung von grün und blau haben sich Birgit und Steven ausgedacht. Aber die Übersetzungen von rot und schwarz stimmen! Vielleicht werdet ihr ja einmal Meeresbiologin oder Meeresbiologe und findet heraus, was die Farben Blau und Grün bedeuten. Die Muster auf unserer Haut können wir übrigens auch verändern. Aber ich will euch nicht weiter verwirren. Nur noch so viel: Ein neues Muster hat mehr als tausend Farben ...

Rätseln könnt ihr überall: Im Bus, am Fluss ...
In diesem Sinne, euer Oktopus

Wir Pferde und ihr Menschen sind schon seit vielen tausend Jahren miteinander verbunden. Wir sind eure Reisegefährten, wir ziehen für euch schwere Lasten und haben euch in der Landwirtschaft geholfen. In manchen Gegenden der Welt ist das auch heute noch so.

Dabei sind wir schon viel länger auf der Welt als ihr Menschen. Da reden wir nicht über ein paar tausend Jahre, sondern über Jahrmillionen! Schon vor mehr als fünfzig Millionen Jahren gab es unsere Vorfahren. Die waren damals noch sehr klein. Fast winzig, nicht größer als ein mittelkleiner Hund! Natürlich gibt es heutzutage viele verschiedene Arten von uns – auch Esel gehören zu unserer Familie –, aber alle heutigen Familienmitglieder sind größer als die Urpferde.

Unsere Eleganz und Schönheit werden in der dritten und vierten Strophe besungen. Ob im Galopp oder in leichtem Trab – das ist wahre Poesie! Und im Wind wehen unsere Mähne und unser Schweif. Wunderschön!

Besonders interessant wird es noch einmal in der sechsten Strophe: Weil wir Pferde für euch Menschen so wichtig sind und weil ihr uns so sehr bewundert, kommen wir häufig in euren Geschichten vor. Ja, ihr habt uns sogar wie Götter verehrt! Berühmte Helden und Heldinnen und Göttinnen und Götter waren nur deswegen so ruhmreich, weil sie uns hatten! Pferde von ganz besonderer Schönheit, Stärke, Kampfkraft und zuweilen auch mit magischen Kräften. Vielleicht habt ihr ja schon von Achill gehört oder auch von Alexander dem Großen. Weltbekannt sind auch die Amazonen, die Ritter der Tafelrunde oder Jeanne d'Arc.

Bemerkenswert erscheint uns, dass ihr Menschen uns in euren Erzählungen auch noch Flügel verliehen habt. Ein mächtig berühmtes Pferd ist der Pegasus. Er war das Kind des Meeresgottes Poseidon und der Medusa, einem geflügelten Wesen mit Schlangenhaar. Ziemlich schrecklich muss die gewesen sein, denn jeder, der ihr ins Antlitz schaute, erstarrte zu Stein! Von ihr hatte Pegasus wohl seine Flügel. Dieser Artgenosse muss so beeindruckend gewesen sein, dass ihr Menschen sogar ein Sternbild nach ihm benannt habt.

Alles auf der Welt ist eine Frage wert.
Weiter geht's jetzt, euer Pferd

Q wie ...

Ihr seltsamen Wesen auf zwei Beinen findet uns Quallen ja oft komisch oder sogar eklig. Wir seien so glitschig und wabbelig. Sogar *schleimig* bekommen wir oft zu hören. Oder einfach nur ein Igitt. Na ja, was soll's!

Aber ihr müsst schon zugeben, dass wir vor allem eines sind: faszinierend! Wie elegant und leicht wir durch die Weltmeere schweben! Das kann man ruhig mit dem Tanz der Blätter vergleichen, die von den Bäumen herab und über die Welt schweben.

In der dritten Strophe erfahrt ihr etwas über unsere Ausmaße. Von ganz klein (nur wenige Zentimeter) bis ziemlich groß! Stellt euch mal vor: Eine der größten unter uns misst bis zu fünfzig Meter! Sie ist länger als der Blauwal, das größte Säugetier unserer Tage mit geradezu überschaubaren dreiunddreißig Metern!

Wie das kommt? Ach, wo sind meine Manieren! Darf ich mich erst einmal vorstellen? Ich bin eine Gelbe Haarqualle mit einem Körper, der wie ein Schirm ausschaut. Und mein Schirm und der meiner Artgenossen hat etwa einen Meter Durchmesser. Wenn wir Quallen uns fortbewegen, zieht sich dieser Schirm zusammen und öffnet sich wieder. Immer wieder aufs Neue: auf und zu, auf und zu, auf und ... na, und so weiter. Wie eure Regenschirme. Nur, dass ihr euch mit euren Beinen bewegt und den Schirm geöffnet lasst, damit er euch vor dem Regen schützt. Okay, wenn der Wind stark genug ist, dann könnt ihr schon mal abheben. Aber das ist nicht der Zweck eurer Regenschirme, hab ich mir sagen lassen.

In unseren »Schirmen« sind auch unsere Organe, etwa der Magen, und daran hängen unsere Tentakeln. Die kennt ihr schon von den Oktopussen. Damit können auch wir steuern und unsere Beute fangen. Bei uns, den Gelben Haarquallen, können diese bis zu d-r-e-i-ß-i-g Meter lang sein.

Über ihre Fangarme können manche Quallenarten ihrer Beute Gift ver-
abreichen. Auch wir Haarquallen sind dazu in der Lage.

Was wir Quallen mit Gelee zu tun haben sollen? Das fragen wir uns
auch! Vielleicht kommt ihr Menschen ja auf diese dumme Idee, weil wir
so weich und beweglich daherkommen. Moment! Gelee und beweglich? Obwohl, warum auch nicht. Gelee ist vielleicht nicht so beweglich
wie Wackelpudding, aber in uns ist jede Menge Schwung.

Und was bedeutet das Wort *Qualle* eigentlich? Gute Frage! Das kommt
von *quellen*. Ein Hefeteig zum Beispiel, der kann quellen oder auch auf-
gehen. Sieht auch ein bisschen so aus wie eine Qualle …

> Nun rätselt schön –
> Im Schwimmbad, in der Schule
> Oder auch im Stalle,
> Eure Qualle

Krahkrah! Na, hab ich euch erschrrrreckt? Keine Sooorrrrge! Ich tue nichts! Und an mir ist eigentlich auch nichts Unheimliches.

Gleich zu Beginn des Rätsels erfahrt ihr, wer und was ich wirklich bin. Früher kannte man mich tatsächlich als Boten und als Kundschafter. Ein Beispiel gefällig? Kein Problem!

Als Kundschafter war ich zum Beispiel im Auftrag Noahs unterwegs. Der lebte vor langer Zeit im Nahen Osten. Vor vielen tausend Jahren! Eines Tages erfuhr er, dass bald eine gewaltige Flut die Erde überschwemmen würde. Und was tat er da? Er baute ein riesiges Schiff, in das er neben seiner engsten Familie von allen Landlebewesen und Vögeln jeweils zwei Exemplare aufnahm, ein Weibchen und ein Männchen. So sollten, wenn das Schiff die Flutkatastrophe überstehen würde, die verschiedensten Arten die Erde wieder bevölkern. Unter den Passagieren waren Löwen, genauso wie Giraffen und Schafe. Und auch ihr Menschenkinder! Und dann kam die gewaltige Flut, die so groß war, dass sogar sämtliche Gebirge unter Wasser standen. Die Arche – so nannte Noah sein Rettungsschiff – strandete schließlich auf einem Gebirge namens Ararat. Um zu erfahren, wie es draußen um die Welt stand und wie weit das Wasser wieder zurückgegangen war, schickte Noah Boten aus: einen Raben und eine Taube. Sie sollten nachsehen, ob die Flut wieder zurückgewichen und das Erdreich wieder getrocknet war. Die Taube kehrte wieder zurück. Alles war noch überschwemmt! Mehrfach schickte er die Taube aus. Doch irgendwann blieb die Taube fern. Das zeigte, dass die Erde wieder bewohnbar war. Auch wir Raben wurden mehrmals ausgeschickt und flogen so lange ein und aus, bis alles wieder getrocknet war.

Es gibt auch andere, ganz ähnliche Flutgeschichten. In Babylonien kannte man die große Flut aus dem Atrachasis-Epos. Ein Epos ist eine lange, aufregend erzählte Geschichte. Und Atrachasis ist der Name des Helden. Er bedeutet übersetzt *der überaus Weise*. Na ja, auch er baute eine Arche und rettete so die Tiere und die Menschen. Und hier war es nur ein Rabe, der durch sein Fernbleiben Atrachasis klarmachte, dass alles wieder in Ordnung war! Beide Geschichten spielten übrigens im Nahen Osten. Dort, wo heute die Länder Armenien, Israel, Syrien, die Türkei und der Irak liegen.

Boten waren wir in vielerlei Mythen und Geschichten. Zum Beispiel hatte der nordische Gott Odin die Kolkraben Hugin und Munin als Begleiter. Die brachten ihm Nachrichten davon, was in der Welt so vor sich ging. Auch unheilvolle Kunde …

Die dritte Strophe verrät euch etwas über mein Aussehen. Sicher nichts Neues für euch, oder? Und trotzdem ist auch diese Strophe sehr wichtig! Dort heißt es, dass ich eine Gabel benutzen würde, um an mein Futter heranzukommen – und das stimmt tatsächlich!

Wir Raben und auch die Krähen, unsere nächsten Verwandten, sind nämlich sehr kluge und gewitzte Tiere! In der sechsten Strophe findet ihr ein tolles Beispiel dafür, wie schlau wir sind! Freunde von uns in Tokio – das liegt im fernen Japan – fanden heraus, dass man Nüsse ganz leicht knacken kann, wenn man sie vor die Reifen eurer lauten und oft müffelnden Fortbewegungsmittel legt. Genau! Eurer Autos. Fahren diese über die Nüsse, brechen sie auf und man kann ihre schmackhaften Kerne ganz bequem verspeisen! Am besten funktioniert das, wenn man die Nüsse auf dem Zebrastreifen ablegt. Denn wenn die Menschen die Straße überqueren wollen, müssen die Autos anhalten. In dieser Zeit legen wir unsere Nüsse auf den Zebrastreifen. Fahren die Autos wieder los, werden die Nüsse geknackt. Genial, oder?

Habt ihr dann noch eine Frage?
Die Antwort weiß ich, euer Rabe

Viele Menschen meinen, dass wir Spinnen zu den Insekten gehören wie etwa die Bienen, Grashüpfer oder Libellen. Doch das ist nicht so! Allerdings sind wir nicht so weit von den Insekten entfernt wie der Mond von der Erde. Zum Beispiel haben wir ebenso wie die Käfer, die ja zu den Insekten zählen, ein sogenanntes Außenskelett. Wir haben also keine Knochen wie ihr Menschenkinder, sondern eine feste Hülle, in der alles Weiche von uns drinsteckt. Außerdem zählen wir wie die Insekten zu den Gliederfüßlern. Was bedeutet das nun wieder, fragt ihr? Nun ja, unser ganzer Körper ist quasi aus Einzelteilen, aus Gliedern, zusammengesetzt. Und das seht ihr auch. Schaut euch nur einmal unsere Beine an.

Trotzdem gibt es einige wichtige Unterschiede zwischen uns und den Insekten! Und darum geht es gleich in der ersten Strophe: Anders als Engerling, Marienkäfer und Co haben wir Spinnen nicht sechs, sondern acht Beine! Also auf jeder Seite vier.

In der zweiten Strophe geht es um unsere Wohnorte. Wir sind gern draußen in der Natur, fühlen uns aber auch in euren Behausungen wohl. Im Prinzip leben wir überall da, wo es geschützt ist und sich zugleich gut »einkaufen« lässt.

Und das bringt uns auch schon zum Thema der dritten Strophe. Mit unseren Spinnennetzen fangen wir unsere Beute: Insekten aller Arten, Farben und Formen, alles, was gerade so durch die Gegend fliegt oder krabbelt. Natürlich durfte das Wort Spinnennetz im Rätsel nicht auftauchen, sonst hättet ihr ja gleich gewusst, dass es um uns Spinnen geht. Steven hat sich daher ein kleines Wortspiel ausgedacht. Vor allem früher habt ihr Menschen zum Einkaufen oftmals auch Netze verwendet, sogenannte Einkaufsnetze. Die sind heutzutage nicht mehr so modern bei euch, aber fragt mal bei euren Großeltern nach, die müssten diese Einkaufsnetze noch kennen.

In der nächsten Strophe geht es noch einmal ums große Fressen. Fliegen und Mücken sind äußerst lecker! Und sie leben dort, wo es noch Natur gibt. Selbstverständlich sind wir dann dort mit unseren Netzen vertreten. Je kürzer der Weg zum Einkaufen, desto besser, oder? Regional ist erste Wahl!

In der fünften Strophe wird eine Sache angesprochen, die uns sehr am Herzen liegt. Ihr Menschen mögt uns Spinnen nicht so gern ... Ihr fürchtet euch vor uns und findet uns gar eklig! Das stimmt uns traurig und ist nicht gerade gut für unser Selbstwertgefühl! Denkt mal darüber nach, wie es euch ergehen würde, wenn andere bei eurem Anblick kreischen und schreiend davonlaufen würden! Außerdem greift ihr Menschen darüber hinaus oft auch zum Äußersten und macht uns mit einem Schuh oder einer Fliegenklatsche platt. Oder gar mit einem Buch! Also wirklich! Schaut uns einfach mal genauer an! Dann erkennt ihr, was für schöne, elegante und interessante Wesen wir sind!

In diesem Sinne
Bin ich eure Spinne

Blööööökmöööööh! Fragt mich bloß nicht, wie der Dichter hier auf die *eierlegende Wollmilchsau* gekommen ist! Falls ihr es nicht wisst, das ist ein Tier, das alles können und geben soll, was ihr Menschen gerade so haben wollt. Vielleicht spukte ihm gerade das Wort *Wolle* im Kopf herum? Zugegeben, wir Schafe sind wirklich vielseitig, aber alles können wir nun auch nicht! Mal ganz abgesehen davon, dass wir schlicht und einfach besonders charmante Wesen sind. Wir versorgen euch Menschen mit Milch, Wolle und – nicht so gerne! – mit Fleisch. Wir sind also ziemlich nah dran an der Wollmilchsau. Nur Eier legen wir nicht. Ist auch kein Wunder, denn wir sind ja keine Vögel. Die Wollmilchsau ist ein Fantasiewesen, von dem man als Landwirtin oder Landwirt träumen mag. Gibt es also nicht. Haltet euch stattdessen lieber an uns und bringt eure Schäfchen ins Trockene.

In der zweiten Strophe erfahrt ihr etwas wirklich Wichtiges über uns: Wir Schafe sind Herdentiere. Klar! Alleine durch die Welt zu ziehen – als einsamer Wolf sozusagen –, ist wirklich nicht unser Ding! Böööööhblööööök! Zum Beispiel wegen Meister Isegrim: Ein Wolf ist ja schon ein Problem für uns, aber ein ganzes Rudel? Kurzum, die Herde gibt uns Schutz. Und außerdem gilt: Je mehr wir sind, desto lustiger ist es! Denn was kann es Schöneres geben als eine Herde von blökenden Wollknäulen?

Ihr Menschen habt das schon früh begriffen. Neben Hund, Katze und Maus gehören wir zu den Tieren, die schon am längsten mit euch Menschen zusammenleben. Nämlich seit tausenden von Jahren! Hier möchte ich auf unsere sehr geschätzten Kolleginnen und Kollegen verweisen, die uns gerne und treu begleiten: die Hütehunde. Auf sie können wir uns verlassen, denn sie haben schon so manchen Isegrim in die Flucht geschlagen! Außerdem gibt es auch noch die Schäferinnen und Schäfer, die wir sehr zu schätzen wissen. Ja, es stimmt schon: Sie und die Hütehunde haben alle Hände und Pfoten voll zu tun, wenn sie uns beisammen halten wollen. Aber mal ganz ehrlich: Kann es etwas Schöneres geben, als mit uns durch die Welt zu ziehen?

Die letzten beiden Zeilen der dritten Strophe mag ich ganz besonders. Das ist die Zeile mit den Schäfchenwolken. Wetterfrösche – offiziell Meteorologen – nennen sie Cirrucumuli. Das Wort besteht aus zwei lateinischen Worten: aus *cirrus*, das heißt Haarlocke, und aus *cumulus*, das heißt Anhäufung. Eine Schäfchenwolke wird also als eine *Anhäufung von Haarlocken* bezeichnet. Und diese Wolken sehen auch nicht direkt wie Schäfchen aus, sondern erinnern eher an unser schönes, flauschig-warmes, weißes Vlies (das ist ein anderes Wort für Schafsfell). Allerdings ist das nur schöner Schein. Schäfchenwolken bestehen wie alle anderen Wolken auch aus Eiskristallen. Brrrrblöööök!

In der letzten Strophe kommen wir nun zu dem, was uns besonders mit euch Kindern verbindet: die Freude an Schafen – Verzeihung, ich meinte die Freude am Schlafen. Wir Schafe eignen uns vortrefflich als Einschlafassistenten.

Und der Wolkenhafen? Na, lasst doch mal eurer Fantasie freien Lauf! Ein kleiner Tipp: Wenn ihr in einer frisch aufgeschüttelten Decke eingekuschelt im Bett liegt, dann könnte man durchaus an eine Wolke denken. Und nun ist es nicht mehr schwer sich vorzustellen, was mit dem Wort Hafen gemeint ist.

So, das war's.
Legt euch zur Ruh
Und seid schön brav,
Euer Schaf

Wir Tauben gurren – oh pardon! – leben mit euch Menschenkindern schon lange zusammen. In euren Städten und Dörfern, in und auf euren Gemäuern, in euren Parks und Gärten. Ihr seht uns gewiss jeden Tag, nicht wahr?

Klar, wir fühlen uns auch in der freien wilden Natur wohl. Aber als sogenannte Kulturfolger sind wir gerne da, wo auch ihr seid. Das klingt für euch sicher komisch, aber es stimmt! Und das gilt auch für Meisen und Ratten, für Kakerlaken und Bettwanzen, ja sogar für Füchse und Wildschweine. Sie alle werden bei euch als Kulturfolger bezeichnet. Gemeint ist damit schlicht und einfach, dass bestimmte Tierarten sich so sehr auf eure Menschenwelt einlassen können, dass sie dadurch sehr komfortabel mit euch zusammenleben können. Das ist übrigens auch bei Spinne, Katz und Maus der Fall.

In der vierten Strophe werden zwei wichtige Tätigkeiten beziehungsweise Funktionen von uns Tauben erwähnt.

Gerade unsere weißen Artgenossen gelten bei euch Menschen als Friedensboten. Die weiße Friedenstaube von Pablo Picasso habt ihr ganz sicher schon einmal gesehen. Er hat sie für den Weltfriedenskongress 1949 in Paris geschaffen. Dort sind damals viele Menschen zusammengekommen, um sich Gedanken über den Frieden zu machen. Und vor allem darüber, wie man in Frieden miteinander leben kann. Ähnliche Kongresse habt ihr Menschen auch für die Natur und das Klima und die Tiere ersonnen. Wer weiß, vielleicht werden diese Zusammenkünfte auch mal erfolgreich sein ... Gurrrruuuu!

Außerdem waren wir Tauben früher als Postboten für euch Menschen unterwegs. Wir bevorzugen in diesem Zusammenhang allerdings den Begriff der *Postfliegerin*. Man hat uns kleine Behälter an die Beine gebunden, in die man kleinere Briefe und Nachrichten auf Papier hineinstecken konnte. Dann schickte man uns los. Jede Taube hatte ihre feste Route, und damit die Post auch ankam, mussten wir eine Ausbildung durchfliegen.

In der letzten Strophe findet ihr eine Anspielung darauf, dass wir auch als Vögel der Liebenden gelten! Das kommt daher, weil wir so ein warmes und schönes Gurren von uns geben, wenn wir einander mögen. Ihr Menschen sprecht ja auch von Turteltauben, wenn ihr andere Menschen seht, die einander so richtig lieb haben und das auch zeigen.

Zum Beispiel auch in einer Laube ...
Gurrru und tschüss, sagt eure Taube

U wie ...

Wir Uhus gehören zu den Eulen. Wie zum Beispiel auch die Schleiereulen oder die Schneeeulen. Unter den Eulen sind wir die größten! Körperlich – und überhaupt! Wir sind ausgesprochene Nachttiere. Nachts ist die Zeit, in der wir Besorgungen machen. Gut, man kann das auch jagen nennen ... uhhuhhhuuu!

Wie alle anderen Eulenvögel auch, können wir ziemlich große Augen machen. Und das ist gut so, denn – wie eben gesagt – wir sind vor allem nachts unterwegs. Für das Jagen in der Dunkelheit sind unsere Augen bestens geeignet.

In der dritten Strophe geht es um unsere Ohren, die ihr Menschen meist nicht erkennt, denn das, was ihr fast alle für unsere Ohren haltet, sind einfach nur Federbüschel! Aber was sage ich da! Natürlich haben unsere Federbüschel auch einen Sinn. Denn durch sie wirken wir noch größer und noch beeindruckender! Uhuu, so richtig gefährlich! Ohren haben wir aber auch. Nur sind die ganz unscheinbar und gut unter unserem Gefieder versteckt. Unser eines Ohr liegt etwas tiefer als das andere und das nicht ohne Grund: Dadurch können wir ganz genau die Entfernung bestimmen, aus der ein Geräusch kommt. Das hilft uns bei der Jagd.

Unsere Nester liegen meistens in freier Natur, aber auch in alten verfallenen Gemäuern, vergleichbar mit den Behausungen der Fledermäuse. Aber für die gibt es ja eine eigene Rätselnuss.

So, nun huhu-schuhu!
Euer Uhu

V-X-Y wie ...

Also, das **Vau**X**Y**li-Tier gibt es nicht?! Hm! Da habt ihr mir aber den Feh-dehandschuh ins Gesicht geworfen, direkt in mein **Vau**X**Y**li-Tier-Antlitz!

Von euch Menschen stammt doch der schöne Satz: Es gibt nichts, was es nicht gibt! Da habt ihr es doch! Also:

> Sag niemals nie!
> Alles ist möglich
> In deiner Fantasie!

Ich verrate euch mal was. Ihr bekommt jetzt einen exklusiven Blick hinter die Kulissen! Steven hatte sich in den Kopf gesetzt, dass in diesem Rätselbuch nur Tiere aus Europa vorkommen sollen. Nicht sehr geschickt, wenn ihr mich fragt. Sucht mal nach einem Tier, das in euren Breitengraden lebt und dessen Name mit dem lauten Buchstaben **V**, dem rätselhaften Buchstaben **X** oder gar dem faszinierenden Buchstaben **Y** beginnt ...

Da war unser Dichter mit seiner Weisheit schnell am Ende.

V   Okay, okay! Er hat den noblen Versuch unternommen, den Pfau irgendwie zurechtzudichten. Ihr versteht schon: *Pfau* klingt schon irgendwie wie **V**. Aber den Vogel hat er damit nicht gerade angefüttert! Der schillernde bunte Vogel Pfau hat nun mal nichts mit dem Buchstaben **V** zu tun, auch wenn er noch so ähnlich klingt.

X   Ein **X** für ein **U** konnte er euch auch nicht vormachen. Erstens gibt's das Rätseltier mit **U** ja schon und zweitens hört sich **X** nun auch ganz anders an als **U**. Tiere mit **X** als Anfangsbuchstaben sind in Europa rar gesät. Eigentlich wächst auf diesem Buchstabenacker gar nichts in Europa! Mag sein, dass es vor ewig langer Zeit hier in der Gegend eine Dinosaurierart gegeben hat, die mit **X** begonnen hat. Aber sonst ...

Bleibt noch das **Y** …

Puh, hier war Steven schon mehrfach in der Bredouille! Wenn er aus dem Rätselbuch vorliest, kommt meistens und mindestens eines der Kinder auf ein Tier, das … Aber lest und hört doch selbst:

Langes dichtes Haar
Warm und wunderbar!

Lebt gerne in der Mongolei
Hier und da, doch einerlei!

Mit seinem zotteligen Ohr,
In Europa kommt's nicht vor!
Und doch behauptet ihr ganz froh:
Gibt's wohl bei uns, und zwar im Zoo!

Pack dies Tier bei seinen Hörnern!
Schreib es auf Papier und zack!
Da hast du es, das Y …

Bin ganz besonders hier!
Grüße vom VauXYli-Tier

W wie ...

AAAAUUUUUUU! Die beiden ersten Strophen werfen ein mieses Licht
auf mich:

In euren Märchen und Geschichten –
Kurz und schlicht –
Bin ich nur Der BÖSEWICHT!

Lest die Märchen der Gebrüder Grimm!
Demnach bin ich fies und schlimm.
Aber nur eines dort macht wirklich Sinn:
Mein Name lautet Isegrim.

Woher kommt mein schlechter Ruf?
Es ist der Mensch, der ihn mir schuf!
Mach mir nichts aus Großmutter!
Hasen, Rehe sind mein Futter!

Hin und wieder hol ich mir ein Schaf,
Bring Hirten damit um den Schlaf.
Das tut mir leid,
Will keinen Streit!

Solche Dinge mach ich nur,
Wenn der Platz in Wald und Flur
Für uns beide nicht mehr reicht.
Ihr macht's mir gar nicht leicht!

Und bedenket eines:
Ich bin ein wahrhaft schlaues Tier!
Ja, wirklich, in der Tat!
Und nun folgt ein Zitat:

»Wir stehen doch in einem Bund
Seit Jahr und Tag. Es ist der Hund,
Der uns auf immer bindet.«

In diesem Sinne: AAAAUUUUUUU!
Euer Wolf

Meckmeckmeck! Steven hat es mit dem Essen, er isst einfach gerne. Und deswegen kommen in den Rätselnüssen auch immer wieder Dinge vor, die wir Tiere euch schenken, mehr oder weniger freiwillig natürlich.

Bei uns Ziegen sind das zum Beispiel Lebensmittel, die man aus unserer Milch herstellen kann: Butter, Milch und Käse. Das mit dem Fisch hat sich halt gereimt. Na ja, Wassertiere sind wir nun wahrlich nicht! Das wird aber in der zweiten Strophe extra noch mal geklärt ...

Früher hattet ihr Menschen uns zum Fressen gern. Heute landen wir in vielen Gegenden Europas eher selten auf dem Teller, auch wenn wir mancherorts auch jetzt noch gern verspeist werden.

Modische Fragen werden in der dritten Strophe besprochen. Ich denke, zu dem zeitlosen Chic unseres Fells und unseres Kopfputzes muss ich keine weiteren Worte verlieren.

Die vierte Strophe handelt von dem, was wir so fressen. Wir sind sehr genügsame Tiere! Weit weniger anspruchsvoll als zum Beispiel Schafe. Uns reichen schon Blätter oder selbst Dornengestrüpp, um satt zu werden!

Dornengestrüpp findet sich vor allem in kargen Gegenden, in Wüsten oder im Gebirge. Überall auf der Welt ziehen Hirten mit uns herum. Und dafür ist nicht nur unsere Genügsamkeit von großem Vorteil! Neeeiiiiin, meckmeckmeck! Wir sind auch richtig gute, wagemutige und zugleich trittsichere Kletterer! Wir weiden da, wo andere nicht mehr hinkommen! In der Bergwelt zum Beispiel. Da, wo sich nicht einmal mehr Fuchs und Hase Gute Nacht sagen!

Wie heißt es in der Rätselnuss so schön?
»Klettern, das ist mein Vergnügen,
In den Bergen schallt mein Ruf:
›Määähmeckmeck!‹ von steiler Stiege.«

Genug! Das war's jetzt, eure Ziege

Steven Lundström

Steven Lundström wurde 1973 in Weimar geboren und lebt seit 2010 mit der Illustratorin Birgit Christiansen in München. Schon in der Kindheit erwachte seine Leidenschaft für Bücher und Geschichten, die ihn seither begleitet. Als Altorientalist und Ägyptologe schrieb er über alte Orte und Kulturen, entdeckte Königsgräber und rekonstruierte Sarkophage. Seit 2018 schreibt er Geschichten für Kinder, die Birgit Christiansen illustriert. Gemeinsam veröffentlichten sie bisher die Kinderbücher *Die Pinguingang.*
Eine beinahe wahre Geschichte und *Die Pinguingang Band 2. Die Große Reise ins Land der Vielen Inseln,* die beide im Böhland & Schremmer Verlag erschienen sind. Seit 2022 ist Steven Lundström auch als Journalist und Redakteur für das Münchner *Literatur Radio Hörbahn* tätig.

steven.lundstroem@gmail.com
Instagram: stevenlundstroem.autor

Birgit Christiansen

Birgit Christiansen wurde 1974 in Gießen geboren und lebt seit 2010 gemeinsam mit dem Autor Steven Lundström in München. Seit ihrem Studium arbeitet sie als Altorientalistin, erforscht die alten Kulturen des Nahen und Mittleren Ostens und entschlüsselt deren Aufzeichnungen in Keil- und Hieroglyphenschrift. Seit 2018 illustriert sie Bücher für Kinder und Erwachsene. Gemeinsam mit ihrem Mann Steven Lundström veröffentlichte sie bisher die Kinderbücher *Die Pinguingang. Eine beinahe wahre Geschichte*

und *Die Pinguingang Band 2. Die Große Reise ins Land der Vielen Inseln,* die beide im Böhland & Schremmer Verlag erschienen sind.

christiansen.bc13@gmail.com
Instagram: birgitchristiansen.illustrator

Steven Lundström/Birgit Christiansen

Die Pinguingang
Band 1
Eine beinahe wahre Geschichte

Sie nennen ihre Welt *Das Große Weiße Kalte Land* und *Das Große Meer*: eine weite unwirtliche Welt aus Eis und Schnee, aus Licht und Dunkelheit, aus Wind und Sturm. So war ihre Welt seit alters her und so ist sie noch heute. Es ist ihre Welt – die Welt der *Großen Wasserflieger*. Doch mehr und mehr ändern sich *Das Große Weiße Kalte Land* und das *Große Meer* – immer weniger Kälte und immer weniger Schnee und immer weniger Eis. Viele *Große Wasserflieger* glauben, dass dies mit den *Waibs* zusammenhängt – den Wie-auch-immer-Beinern. In dieser Lage entschließen sich acht Küken der *Großen Wasserflieger*, die *Waibs* zu erforschen, mit ihnen Kontakt aufzunehmen und so ihre Welt aus Kälte, Wasser, Eis und Schnee zu retten. Die Pinguingang gerät dabei in abenteuerliche Situationen und entdeckt zugleich die schönen und beängstigenden Momente des Heranwachsens. Die Küken sind altklug, neugierig, schlau, mutig, albern, aber auch furchtsam und auf ihre unverbrüchliche Freundschaft angewiesen.

184 Seiten (93 Abbildungen und Illustrationen)
25,6 x 18,2 cm; Hardcover
19,50 € (D)   20,10 € (A)   22,00 CHF
ISBN 978-3-943622-50-8

Besuchen Sie uns im Internet:
www.boehland-schremmer-verlag.de

Böhland&Schremmer Verlag Berlin

Steven Lundström/Birgit Christiansen

Die Pinguingang
Band 2
Die Große Reise ins Land der Vielen Inseln

Die hohe See riecht nach Unwetter und der Himmel dräut. Wenig später stürzen Sturmwolken von oben auf sie herab und von unten türmen sich Wellenberge auf. Doch Emma und Frieda fliegen unbeirrt durch das *Große Meer* auf das *Land der Vielen Inseln* zu. Und kaum, dass die Welt wieder zur Ruhe gekommen ist, wartet schon das nächste Abenteuer auf die beiden Kaiserpinguine. Schwarz-weiße Wesen nehmen die Verfolgung auf. Nur um Federsbreite entkommen Emma und Frieda den Jägern! Sie landen auf der *Insel der Scharfzähne*. Und dort, im *Land der Vielen Inseln*, beginnt ihre Mission ...

Im zweiten Band der „Pinguingang" begegnet das Team Emma und Frieda gestreiften und felsenhüpfenden Verwandten, fremden Tieren und Pflanzen. Die beiden finden neue Freunde, treffen auf Traumreisende, nehmen Kontakt zu den Wie-auch-immer-Beinern auf und erforschen deren Lebensweise und Geschichte. Bei allem verfolgen sie ein Ziel: die seltsamen Wesen auf zwei Beinen davon abzubringen, ihre Welt zu zerstören.

256 Seiten (126 Abbildungen und Illustrationen)
25,6 x 18,2 cm; Hardcover
24,80 € (D)   25,50 € (A)   26,00 CHF
ISBN 978-3-943622-55-3

Besuchen Sie uns im Internet:
www.boehland-schremmer-verlag.de

Böhland&Schremmer Verlag Berlin

Illustrationen
©Birgit Christiansen

Lektorat / Redaktion
Böhland & Schremmer Verlag

Design / Gestaltung / Bildbearbeitung
Böhland & Schremmer Verlag

Datenkonvertierung / Satz / Einbandgestaltung
Böhland & Schremmer Verlag

Coverillustration: ©Birgit Christiansen

Gesamtherstellung
Böhland & Schremmer Verlag

Druck und Bindung
Druckhaus Sportflieger Berlin

Printed in Germany

ISBN 978-3-943622-63-8

www.boehland-schremmer-verlag.de
info@boehland-schremmer-verlag.de

Bibliografische Information der Deutschen Nationalbibliothek
Die Deutsche Nationalbibliothek verzeichnet diese Publikation in der Deutschen Nationalbibliografie; detaillierte bibliografische Daten sind im Internet über http://dnb.dnb.de abrufbar.

Steven Lundström / Birgit Christiansen – Na, wer bin ich? Tierrätsel von A bis Z

 Böhland&Schremmer Verlag